歴史戦と思想戦

——歴史問題の読み解き方

山崎雅弘
Yamazaki Masahiro

a pilot of wisdom

参考文献からの引用は、読みやすさを考慮して、句読点を補い、歴史的仮名遣いを現代仮名遣いに、旧漢字を新漢字に改め、適宜ルビを付しました。また一部については原文の持つ意味合いを尊重しつつ、文語調の表現を口語調に変更しています。引用文中の［　］内は筆者による補注です。なお、人物名については敬称を略しました。

目次

図版作成／クリエイティブメッセンジャー

はじめに

今、もし書店にいらっしゃるなら、店内を見回してみてください。

売り場の一番目立つところに、こんなタイトルの本が並んでいないでしょうか。

「中国・韓国の反日攻勢」「南京《ナンキン》虐殺の嘘《うそ》」「慰安婦問題のデタラメ」「あの戦争は日本の侵略ではなかった」「自虐史観の洗脳からの脱却」……。

あるいは、もう少しマイルドな「日本人が、自分の国を誇りに思える歴史の書」という体裁で、日本人読者の自尊心や優越感をくすぐるような歴史関連本。

もう何年も前から、こうしたタイプの本を書店でよく見かけるようになりました。

過去の歴史について、日本に不都合なことを「なかった」と言い、日本は何も悪くないと語る本は、読んでいる間は日本人にとって心地いいものです。けれども、そんな安心感に身を委ねてしまうと、それと引き換えに大事なものを見失ってしまうのではないか。日本は何も悪くないと誰かに言われれば、一人の日本人として肩の荷が下りたような気になるが、本当にその結論でいいのだろうか……。
また、こうした本がどうも胡散臭《うさんくさ》いと感じても、具体的にどこがどう間違っているのか、何がどう問題なのかを、自分の言葉でうまく説明できない人も多いのではないでしょうか。

本書は、そんなモヤモヤした違和感を、「事実」と「論理」のふたつの角度から検証し、ひとつずつ丁寧に解消していく試みです。本書を最後まで読まれれば、今まで心に引っかかっていた疑問や違和感の正体を理解でき、この種の本に巧妙に仕掛けられたさまざまなタイプのトリックを、一瞬で見破れるようになるはずです。

また、歴史という大きな問題と向き合う姿勢についても、本来あるべき姿を改めて考えるヒントを、読者に提示するよう努めました。

最近は特に、日本人の歴史との向き合い方が、大きく揺らいでいると思うからです。

◆大きく揺らいでいる日本人の「歴史との向き合い方」

風に吹かれて木の枝がゆらゆらと揺れるように、個々の歴史の「解釈」に振れ幅がある状態は、以前からこの国にも存在していました。そして、その振れ幅の存在自体は、否定されるべきものではなく、むしろ社会の健全さを示すものだと言えます。

個々の歴史の「解釈」に振れ幅がない社会とは、政府が定めた唯一の「解釈」だけが正しいとされ、それ以外の「解釈」を唱える者は政府とそれを支持する者からの弾圧や迫害の対象となる、思想や言論の自由が存在しない社会に他ならないからです。

しかし、今、日本の社会で広がりつつあるのは、そうした歴史の「解釈」ではなく、いわば木の幹の部分にあたる「歴史との向き合い方」の揺らぎです。

歴史とは何なのか。人は、過去の歴史とどう向き合うべきなのか。

そんな基本的な姿勢を根本から変えようとする動きが、日本国内で活発化しています。

過去から何かを学び、未来をより安全で有意義なものにするために歴史と向き合う。自国で過去に起きた出来事や、かつて自国が他国で行ったことを、批判的あるいは反省的に分析・検証し、それが起きた原因や構造を解明する。それが自国民や他国民に対して否定的な結果をもたらしたのであれば、再発防止の方策を考え、同じような出来事を将来に再び繰り返さないための糧にする。

昨今の日本では、当たり前のように思えるこの姿勢の意義が否定され、それとは根本的に異なる考え方に基づく別のものと差し替えられようとしています。

従来の歴史と向き合う姿勢とは根本的に異なる考え方。それが、自国中心の戦闘的な態度で過去の歴史と向き合う「歴史戦」です。

先に述べたような「南京虐殺の嘘」や「あの戦争は日本の侵略ではなかった」等の歴史関連書を表す概念として、日本では「歴史修正主義」という言葉が使われることもありますが、本書では「歴史戦」という言葉をキーワードに使って読み解いていきます。

◆産経新聞が二〇一四年から本格的に開始した「歴史戦」

初めて「歴史戦」という三文字を目にする人もおられるかもしれませんが、この「歴史戦」とは何でしょうか?

わかりやすく言えば、中国政府や韓国政府による、歴史問題に関連した日本政府への批判を、日本に対する「不当な攻撃」だと捉え、日本人は黙ってそれを受け入れるのでなく、中国人や韓国人を相手に「歴史を武器にした戦いを受けて立つべきだ」という考え方です。

書店の棚には、タイトルに「歴史戦」の三文字が入った本がいくつも並んでいますが、その嚆矢《こうし》となったのは、産経新聞出版が二〇一四年一〇月に刊行した『歴史戦』でした。

サブタイトルに「朝日新聞が世界にまいた『慰安婦』の嘘を討つ」とあるように、同書の内容は「慰安婦問題」がテーマで、二〇一四年四月一日付の「産経新聞」朝刊からスタートした「歴史戦」というシリーズ記事を再構成したものでした。

ただし、戦時中の慰安婦やその施設（慰安所）の実情を批判的に分析・検証することがこの本の主旨ではありませんでした。

産経新聞の「歴史戦」取材班が分担して執筆した同書のスタンスは、韓国政府や韓国人が日本政府に向けている「慰安婦問題」の批判や非難は、すべて朝日新聞の「捏造《ねつぞう》」に基づく根拠のない「不当な攻撃」だというもので、韓国が日本に対して「歴史を武器にした戦争＝歴史戦」を挑んできた以上、日本の側もこれに正面から反撃する「戦い」を行う必要があると、読者に訴えかけています。

同書のまえがきには、産経新聞「歴史戦」取材班キャップの政治部長・有元隆志による次のような説明が述べられています。

「歴史戦」と名付けたのは、慰安婦問題を取り上げる勢力のなかには日米同盟関係に亀裂を生じさせようとの明確な狙いがみえるからだ。もはや慰安婦問題は単なる歴史認識をめぐる見解の違いではなく、「戦い」なのである。（p.4）

慰安婦問題が「単なる歴史認識をめぐる見解の違い」ではなく「戦い」だという有元の言葉は、「歴史戦」の本質をストレートに言い表す言説です。日本と外国の「戦い」なら、日本はそれに勝たなくてはならず、勝つために全力を尽くさないといけないことになります。いわば、軍事力によらない戦争、思想や宣伝を武器にした戦争です。
産経新聞社政治部編集委員の阿比留瑠比《あびるるい》も、同書の序章でこう書いています。

戦後、すでに70年近くがたった。もうそろそろ、日本は本来の歴史を取り戻す「歴史戦」に打って出てもいいのではないか。歴史問題を持ち出されると、条件反射的に謝罪を繰り返してきたこれまでの日本のままで、本当にいいのだろうか。
(p.23)

阿比留は、「歴史戦」とは「『日本が』本来の歴史を取り戻す」ための行動であると書いていますが、そこで言う「日本の本来の歴史」とは何なのかについては、具体的な説明がありません。そして阿比留は、今の総理大臣である安倍晋三も、産経新聞の「歴史戦」と共通する価値観を持っているかのような書き方をしています。

「歴史戦」はまだ始まったばかりだ。これからが、日本が本当に自国の歴史を取り戻すための正念場となろう。

「歴史問題は、匍匐《ほふく》前進で行くしかない」

首相の安倍晋三が周囲にこう話すように、ことは簡単ではない。

(p.23)

阿比留の文にある「日本が本当に自国の歴史を取り戻す」とは何を意味するのかは、本書の中で読み解いていきますが、これらの言葉が物語るのは、産経新聞の「歴史戦」取材班が「慰安婦問題」を日本対韓国の「戦い」という文脈で理解し、歴史研究の分野に国家間の対立という「政治」を持ち込んでいるという事実です。

◆続々と刊行される「歴史戦」の三文字を冠した書物

翌二〇一五年八月には、産経新聞社『歴史戦』の内容を圧縮・加筆した上、その英語テキストを本の前半に収録して「英日対訳版」とした『History Wars（歴史戦）』が、産経新聞出版から刊行されました。同書には、ジャーナリストの櫻井よしこによる次のような言葉が日英の二か国語で記されています。

これはまさに「戦争」なのだ。主敵は中国、戦場はアメリカである。（p.112）

まるで戦争中の戦意昂揚《こうよう》ポスターのコピーのようですが、こうした戦闘的な文言も「歴史戦」の特徴を如実に表していると言えます。そして二〇一五年以降、タイトルに「歴史戦」の三文字を含めた書物が、他の出版社からも次々と刊行されました。

黄文雄《こうぶんゆう》『米中韓が仕掛ける「歴史戦」』（ビジネス社、二〇一五年六月）、ケント・ギルバート、室谷克実、石平共著『反日同盟　中国・韓国との新・歴史戦に勝つ！』（悟空出版、二〇一五年一一月）、倉山満『歴史戦は『戦時国際法』で闘え』（自由社、二〇一六年四月）、河添《かわそえ》恵子、杉田水脈《みお》共著『「歴史戦」はオンナの闘い』（PHP研究所、二〇一六年六月）、ケント・ギルバート『いよいよ歴史戦のカラクリを発信する日本人』（PHP研究所、二〇一六年八月）などがそれですが、「歴史戦」と銘打った書物に共通しているのは、日本の「敵」は中国と韓国だという「戦い」の構図です。

これらの書物の筆者は、いずれも過去に産経新聞や同社の月刊誌「正論」に寄稿した経歴を持つ人物で、本の内容も産経新聞社の『歴史戦』と同様の構図を踏襲しており、いわば「歴史戦」における「共同戦線」を展開しています。

一部には、日本の「敵」にアメリカを含めている場合もありますが、そこで言う「アメリカ」とは、日本を占領統治していた時代のアメリカ、つまりGHQのことであり、現在のアメリカ政府のことではありません。先に触れた『歴史戦』のまえがきに書かれているように、中国や韓国が日本に「歴史戦」を仕掛けるのは、現在の日米同盟に亀裂を生じさせるためだという解釈が、これらの著作では共有されています。

そして、日本を占領統治していた時代のアメリカ政府の出先機関、つまりGHQは、戦勝国の特権を用いて日本国民の心理に「戦勝国にとって都合のいい嘘の歴史」を刷り込み、「日本の本来の歴史」は戦後ずっと日本社会から失われたままになっている、という強烈な被害者意識も、「歴史戦」においては重要なファクターとなっています。

こうした義憤について、産経新聞社の『歴史戦』は、次のように書いています。

戦勝国は自分に都合のいいように歴史を描き、敗戦国にそれを押し付ける。敗戦国はそれに疑問や不満を抱きつつもやむなく受け入れ、やがて当初感じていた疑問や不満を忘れていく。

日本は戦後長く、自国の歴史に真っ直《まっす》ぐ向き合うことを許されず、米国や中国や韓国製の色眼鏡をかけて世界を眺めることに慣らされてきた。日本のメディアの中には、戦勝国史観に立って同胞を見下し、その協力者のように振る舞ってきた者も少なくない。

だが、国際社会で片一方の国が無条件に正しく、もう一方の国はひたすら悪いということがあり得るだろうか。

(pp.21-22)


戦争に勝った国は、負けた国に、自分たちに都合のいい歴史認識を押し付け、それを七〇年以上にわたって事実だと信じ込ませることができる。戦勝国は、戦後の日本人を「自虐的な史観」で洗脳してきた。戦後の日本人が事実だと信じてきた歴史認識は、実は戦勝国の作った「色眼鏡」越しに見た、歪《ゆが》んだ像だったのだ……。

こうした解釈は、先に紹介した阿比留瑠比の「戦後、すでに70年近くがたった。もうそろそろ、日本は本来の歴史を取り戻す『歴史戦』に打って出てもいいのではないか」という言葉へとつながっていきます。過去の歴史認識をめぐる議論を、日本と外国の戦争であるかのように見なす「歴史戦」の考え方は、敗戦後に「間違った歴史を戦勝国から植え付けられた」という被害者意識と、表裏一体の構造をとっています。

◆「歴史戦」の祖先としての「思想戦」と「宣伝戦」

しかし、産経新聞とその同調者が展開する「歴史戦」のスタンスや戦術を観察すると、その内容は彼らのオリジナルではなく、かつて日本政府が中国などを敵として繰り広げた「戦い」と、多くの共通点を持つものである事実に気付きます。

その戦いとは、第一次世界大戦後の一九二〇年代から日本の軍部が着目し、日中戦争の開始翌年から政府が国策として展開した「思想戦」と、その一形態としての「宣伝戦」です。

当時の日本は、すでに中国との間で軍事面での戦争を広範囲にわたって繰り広げていましたが、「思想戦」と「宣伝戦」は、その戦争を心理面からサポートし、自国民の戦意を鼓舞するとともに、国際社会での日本の立場を有利にしようとする方策でした。

それゆえ、産経新聞などが展開している「歴史戦」は、先の戦争中に日本政府が国策として展開した「思想戦」や「宣伝戦」の継続なのではないか、という点も、本書のテーマのひとつとして扱います。もし、思考形態や手法の面で、共通する部分が数多く存在するのであれば、一方を読み解くことで他方を理解する助けとなるはずだからです。

日中戦争の勃発から三年前、天皇機関説事件の発生前年の一九三四年二月一一日、陸軍省軍事調査部は、『思想戦』と題した本文二四ページの小冊子を作成しました。

同書はまず、国家総力戦として戦われた第一次世界大戦（一九一四〜一八年）の戦訓として、軍事力だけが戦争の行方を左右する時代は終わり、思想（国内外での宣伝と心理操作）や経済が、軍事力に匹敵する重要な役割を果たす時代が到来しているとの見立てを披露しました。そして、日本もすでにそうした「思想戦」の攻撃と侵犯を被っている形跡が見えるので、日本人は心してこれに対抗すべきだという、注意喚起を行いました。

同書の中には、以下のような文言が含まれています。

［第一次］世界大戦においては、相当大規模な工作をもって、いわゆるプロパガンダ（宣伝）の名において、近代的一戦争手段たる思想戦が出現した。（p.4）

ロンドン［海軍軍縮］条約の際、日本の某新聞等が、米国の手先に操られたと噂《うわさ》されたが、事実とすればこれらは皆、思想戦に対する無反省から来たところの失態である。（pp.15-16）

そして、これらの文章に続いて、次のような見立てが示されています。

近時、日本を孤立せしむる目的をもって日本と列強との間を割くために各種の思想政略工作が実施されていると見える節が多い。(p.20)

この見立ては、先ほど挙げた『歴史戦』のまえがきと内容がピッタリ重なります。

「歴史戦」と名付けたのは、慰安婦問題を取り上げる勢力のなかには日米同盟関係に亀裂を生じさせようとの明確な狙いがみえるからだ。

また、一九三〇年に調印され、日本政府も批准した「ロンドン海軍軍縮条約」に関し、この条約内容に不満を抱く軍部の視点から「日本の某新聞等が、米国の手先に操られたと噂されたが、事実とすれば」と憶測で特定の新聞を「外国の利益に奉仕する裏切り者」のように疑うスタンスも、産経新聞などの「歴史戦」とよく似ています。

当時、二大紙と呼ばれた東京日日新聞（現毎日新聞）と朝日新聞は、ロンドン軍縮条約について「人類平和への一大貢献」（一九三〇年四月二三日付「東京日日新聞」一面）等の言葉で肯定的に報じ、軍縮に反対する陸海軍の軍人を苛立《いらだ》たせていました。

陸軍省軍事調査部『思想戦』の記述は、さらに続きます。

列強の思想政略攻撃戦線が、日本の言論界や政界や財界その他一般国民ことに左翼陣営などに、いかにその魔の手を張って来るかということは、今より国民の大いに刮目《かつもく》して視《み》るべき面白い問題であると思う。（p.21）

真の挙国一致は全国民が、この列強思想攻撃の魔の手より目覚めて、日本の行くべき本然の大道を力強く認識した時、はじめて獲《か》ち得られるであろう。（p.22）

先に述べた通り、「歴史戦」とは「歴史問題における、思想や宣伝を武器にした戦争」を言い表す言葉ですが、昭和初期の日本で数多く刊行された「思想戦」に関する文献を読めば、産経新聞の有元隆志や阿比留瑠比が『歴史戦』で書いた内容や、他の著者が「歴史戦」の関連書に書き記す内容と瓜二つ《うりふた》の文章を、いくつも見つけることができます（その具体的な実例は、本書の中で詳しく紹介します）。

もし、産経新聞などの「歴史戦」が、自覚的か無自覚かにかかわらず、先の戦争中に日本政府が展開した「思想戦」や「宣伝戦」の継続だとしたら、後者が最終的にどのような結果を日本にもたらしたかを踏まえることで、「歴史戦」の行く末や、それが日本国民にもたらしうる結果についても、ある程度予見することができるかもしれません。

◆「日本」と「大日本帝国」と「日本国」の違い

本題に入る前に、「歴史戦」でよく使われるトリックに取り込まれないためのヒントを提示しておきます。

それは、「日本」と「大日本帝国」と「日本国」の意味の違いについてです。

大日本帝国は、一八九〇年（憲法施行）から一九四七年までの五七年間にわたってこの国を統治した、大日本帝国憲法に基づく政治体制で、日本国は、一九四七年の施行から現在まで（本書刊行時で七三年目）続く、日本国憲法に基づく政治体制のことですが、どちらも「日本」という時代を超越した包括的な国家の概念においては、ごく一部でしかありません（図1）。

しかし、ふだん何気なく使っているこれらの言葉は、人の思考を特定の方向に導くためのトリックとして使われる場合もあります。

例えば、我々が日常的に使う「日本」という言葉ですが、それは「大日本帝国のことですか?」と問われれば、答えは多くの場合「ノー」です。

しかし「大日本帝国は日本ですか?」との問いであれば、答えは「イエス」となります。なぜなら、「大日本帝国」は「日本」という国の、長い歴史の一部だからです。

つまり、問いかけの仕方、光の当て方によって、言葉の定義が及ぶ範囲が変化します。

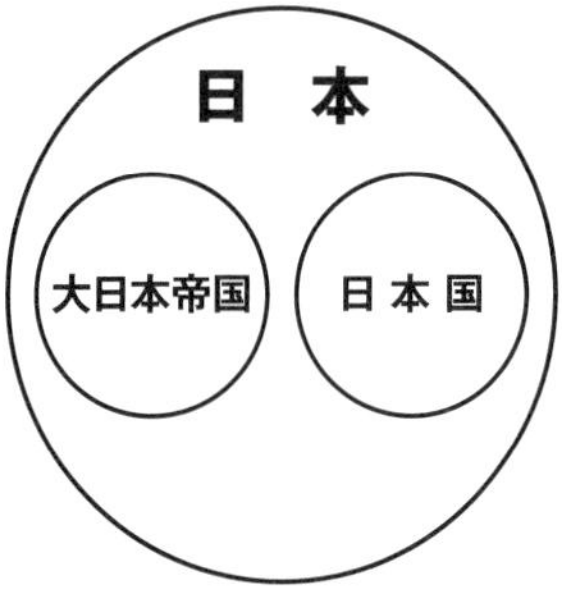

図1　概念としての日本

この違いは、人々を特定の政治思想に誘導する目的で利用することも可能です。

例えば、中国や韓国の政府や国民が、「大日本帝国」時代の侵略や植民地支配を厳しく批判する態度をとった時、「大日本帝国」を擁護する意図で、これを「中国と韓国が『日本』を不当に攻撃している」と単純化してアピールすればどうなるか。

大日本帝国は「日本」という概念の一部なので、嘘をついていることにはなりません。

けれども、それを聞いた人は、現在の自国が攻撃されていると感じ、不安や危機感を覚えます。自分が生きている「日本国」と昔の「大日本帝国」は同じ国ではないと認識していなければ、両方とも同じ「日本」だという思考に、それと気付かないまま誘導されます。

そして、歴史問題をめぐる議論を「中国対日本」あるいは「韓国対日本」という単純な図式の「戦い」のように捉えて、日本人であれば「日本＝大日本帝国」の側に味方するのが当然だという「結論」を示されれば、それに抗《あらが》うことは難しくなります。

なぜなら、日本人なのにそうしない人間がいれば、その者は「日本の利益に反する者＝反日あるいは売国奴」ということになるからです。

この論理展開は、正しいのでしょうか？

本書を読み進める中で、その答えが少しずつ明らかになっていくと思います。

それでは、今まさに「言葉の銃弾が飛び交う戦場」となっている「歴史戦」の最前線から、彼らの戦いを眺めてみることにしましょう。

第一章　「歴史戦」とは何か

《歴史を「事実」や「学びの対象」でなく「戦場」と見なす思考形態》

◆「歴史戦」のひとつ目の主戦場：戦時中の慰安婦問題

産経新聞社の『歴史戦』（以下、特に断りがない限り二〇一四年版）は、副題に「朝日新聞が世界にまいた『慰安婦』の嘘を討つ」とある通り、日本が韓国や国連から「慰安婦問題で攻撃」されるのは、朝日新聞が事実に基づかない証言（いわゆる吉田証言）を繰り返し記事に掲載した上、海外にも発信したからだとして、朝日新聞の責任を追及する内容構成となっています。

第一章と第二章のタイトルは、「朝日『慰安婦』報道が犯した罪」と「朝日『検証』の欺瞞《ぎまん》と波紋」で、第三章以降もこのふたつの章で扱った「朝日新聞の虚偽報道」が日本政府や韓国、国連などに波及していく経過を、産経新聞の視点で述べたものでした。吉田証言とは何なのかについては、同書の序章で次のように説明されています。

吉田証言とは、朝鮮半島で女性を強制連行したという自称・山口県労務報国会下関支部動員部長、吉田清治の虚言であり、朝日新聞は［二〇一四年］8月5日付朝刊で少なくとも16回、この吉田証言を紙面で取り上げたことを明らかにしていた。（p.14）

吉田清治は、自分が朝鮮の済州島で朝鮮人の若い女性二〇〇人を「狩り出した」、つまり部下とともにそれらの女性を拘束して強制的に連行し、日本軍の慰安婦にしたと証言した上で、のちに「謝罪の旅」として韓国に赴き、「慰安婦の強制連行」を詫《わ》びる「謝罪碑」を建立するなどの活動を行っていました。

そして朝日新聞は、この吉田清治の証言を事実と見なし、一九八二年九月二日付朝刊以降、繰り返し紙面で取り上げて、戦時中の自らの犯罪的行為を当事者が懺悔《ざんげ》する「美談」のような体裁で報じていました。

しかし、歴史家による調査と研究により、「慰安婦の強制連行」に関する吉田清治の証言は、事実の裏付けがない「虚言」であることが判明します。朝日新聞社の木村伊量《ただかず》社長は、二〇一四年九月一一日に記者会見を開き、慰安婦問題に関する「誤った報道」とそれについての「謝罪が遅れたこと」をお詫びすると明言しました。

この謝罪について、『歴史戦』は次のように表現しています。

> 事実関係に基づかない積年の慰安婦報道を通じ、日本の国際的な地位と名誉を傷つけ、国民の誇りを奪い続けてきた朝日新聞がついに〝決壊〟した瞬間だった。（p.14）

実際には、朝日新聞が誤りであると認めたのは、「済州島で朝鮮人の若い女性二〇〇人を強制連行した」という告白を含む、吉田清治の証言であり、慰安婦に関して朝日新聞が掲載した記事のすべてが「間違いであった」と認めたわけではありません。

現在の国際社会において、日本軍が戦時中に利用した「慰安所」と、そこで日本兵の性欲発散という役割を担った「慰安婦」の制度は、「戦時性暴力（Wartime Sexual Violence）」と「女性の人権侵害」という普遍的な問題の一環として捉えられています。

そこで主に着目されているのは「なぜそのような人権侵害の出来事が起きたのか」という原

因の探求と、「どうすれば同種の事例の再発を予防・回避できるか」という未来を見据えた対処法の模索です。

ところが、産経新聞などの「歴史戦」は、そうした問題の全体像にはほとんど、あるいはまったく関心を払わず、記事の中でも触れず、「朝日新聞が報じた『吉田証言』は虚言だった」という全体の中の「一点」に過剰なほどの紙幅を割いて、朝日新聞を道義的に攻撃するキャンペーンを展開してきました。

朝日新聞が報じた「吉田証言」が虚言だったのだから、戦時の慰安婦に関する日本軍の「道義的な問題」自体が実は存在せず、韓国人が繰り返す慰安婦問題での批判や要求は、すべて筋違いの「言いがかり」である。他の情報を知らずに、産経新聞などの「歴史戦」の記事や本だけを読めば、そのような印象を植え付けられる可能性が高いと言えます。

◆サンケイ新聞社の社長が証言した日本軍の慰安所開設と運営への関与

第二次世界大戦中に、中国や東南アジア、南太平洋などに侵攻した日本軍人の性欲を満たす目的で、大日本帝国下の日本軍が民間業者と契約して、各地の戦場後方に「慰安所」と呼ばれる施設を開設した事実は、今では国際的によく知られています。

吉田証言の虚偽を指摘した歴史家の秦郁彦《はたいくひこ》が著した『慰安婦と戦場の性』（新潮選書、一九九九年）によれば、日本軍が初めて兵士の性欲処理の施設として「軍娯楽場」と称する軍人専用の娼館《しょうかん》を開設したのは、満洲事変勃発翌年の一九三二年で、場所は「第一次上海《シャンハイ》事変」で日本軍部隊が駐留していた中国の上海でした。日本の長崎、朝鮮の平壌《ピョンヤン》、中国の青島《チンタオ》などから集められた娼婦が、この「軍娯楽場」の「接客婦」として働き、その営業は日本軍が指定した家屋で行われました（pp.63-64）。

五年後の一九三七年に日中戦争が勃発し、上海から南京へと進撃した日本軍人による、現地の中国人女性に対する強姦《ごうかん》事件が多発すると、日本軍の現地部隊を統括する中支那方面軍は、上海での前例から早急に日本軍人の「慰安所」を作る必要性を痛感しました。これを受けて、陸軍の傘下組織である南京特務機関が現地の中国人（娼館の経営者）に依頼するかたちで、日本軍人の相手をする娼婦が集められました（pp.76-77）。

その後、日中戦争の拡大と泥沼化、そして一九四一年一二月以降の東南アジアおよび南太平洋への日本軍による侵攻拡大により、海外に展開する日本軍の陸海軍人の数が激増すると、同様の「慰安所」が、日本軍の直接・間接の管理下で各地に作られました。以前からの日本人や朝鮮人、台湾人、中国人に加え、インドネシア人、オランダ人、フィリピン人、ビルマ人などの女性が、さまざまなかたちで慰安婦として集められました（pp.103-）。

産経新聞社がまだ「サンケイ新聞社」という名称だった一九八三年一一月、現在の産経新聞出版の前身である「サンケイ出版」は『いま明かす戦後秘史』という対談本を刊行しました。対談の主は、当時サンケイ新聞社の社長であった鹿内《しかない》信隆と、戦後日本の財界で「四天王」の一人に数えられる有力者だった櫻田武でしたが、共に戦争中は陸軍の将校として勤務した経歴を持っていました。

その中で、主計〔経理〕将校だった鹿内信隆は、自らの経験をこう語っていました。

鹿内　（略）それから、これなんかも軍隊でなけりゃありえないことだろうけど、戦地へ行きますとピー〔慰安婦の蔑称〕屋が……。
櫻田　そう、慰安所の開設。
鹿内　そうなんです。そのときに調弁〔戦地で調達〕する女の耐久度とか消耗度、それにどこの女がいいとか悪いとか、それから〔入り口の〕ムシロをくぐってから出て来るまでの〝持ち時間〟が、将校は何分、下士官は何分、兵は何分……といったことまで決めなければならない（笑）。料金にも等級をつける。こんなことを規定しているのが「ピー屋設

置要綱」というんで、これも経理学校で教わった。（上巻、pp.40-41）

日本軍が「慰安所」の開設と運営にどの程度関与していたかについては、関係記録の多くが敗戦時に失われたことから、今も不明な点が多いですが、当事者であった鹿内信隆の経験談は、外部の業者にすべて任せていたわけではなく、日本軍の「経理学校」が具体的な運営規則について教えており、軍が運営に関わっていた事実を物語っています。

占領地での「慰安所」の開設は、陸軍でも海軍でも主計将校が関わった事例がいくつかの記録に残っており、各「慰安所」の管理・運用規定は、各戦域の司令部がそれぞれ策定していました。「慰安所」の形式的な経営者は、日本人や朝鮮人（当時は「大日本帝国の臣民」とされていたので広義の日本人）であっても、実質的には軍の監督下に置かれていました。

また、現地での慰安婦の「調弁」がどのように行われたのかを示唆する鹿内信隆の証言も、『いま明かす戦後秘史』の中で紹介されていました。

鹿内　（略）その人［フィリピンを攻略した第一四軍の経理担当将校］の報告は、要するに「すばらしい」というんです。何がすばらしいのかといったら、マニラ大学の女の学生は全部セレベスとか、方々の島々の豪族の娘たちが集まっていた。ところが、日本軍がマニラに上陸したら、島に帰れなくなっちゃった。寄宿舎にいるやつが、みんな孤立しちゃったわけだ。それを日本の将校がいただくわけだ。それが、いかにすばらしいかという報告で終始一貫終わっちゃったわけね。その戦況報告の話が……。

櫻田　うーん。

鹿内　ぼくは、そのとき、非常に衝撃を受けたけれども、しかし話としちゃ面白いよね。戦争中の話ですから。その女子大生が日本の将校のえじきになったという報告があったのが、ぼくには非常に刺激的な印象としていまも残っています。

（上巻、pp.29-30）

◆慰安婦が「志願した娼婦」であれば「性奴隷」ではなかったのか

鹿内信隆の証言は、ぼかした言い方をしていますが、良家の子女が揃《そろ》っていたマニラ大学の女子大生が「日本の将校のえじきになった」という表現は、強姦したのでなければ、将校専用の慰安婦にされたという以外に、解釈のしようがないものです。

当時の日本陸軍では、強姦は軍法会議で有罪になるので、もし強姦したのであれば、将校が戦況報告で「すばらしい」と表現するとは考えられないからです。

先に挙げた秦郁彦の『慰安婦と戦場の性』でも、フィリピンでは駐留する日本軍の末端組織による「計画的と思われる女性の自宅への襲撃」や「作戦行動中の強制連行」で女性が「拉致」され、民間業者が経営する「慰安所」という形態とは異質な、駐屯地に監禁された上での組織的な「レイプ」が多数発生していた事実に言及しています（pp.192-198）。

日本軍が一九四二年二月に占領したシンガポールでは、一九三七年に南京で起きたような強姦の多発を避けるため、すぐに「慰安所」が開設されました。ここでは、日本人と朝鮮人の慰安婦に加え、現地で軍司令部が告知した慰安婦募集に「今までイギリス軍を相手にしていた娼婦」が応募し、トラックで「慰安所」へと運ばれました。

しかし、彼女らを待っていたのは「想像もしていなかった大変な激務」でした。

当時、近衛《このえ》師団の無線小隊長としてシンガポールに駐屯していた総山《ふさやま》孝雄は、一九八三年に上梓《じょうし》した戦記『南海のあけぼの』（叢文社）の中で、慰安所へ出かけた一人の衛生兵から聞いた「慰安婦がかわいそうだった」という逸話を書き記しています。

彼が行ってみると、薄板を張って小部屋を仕切った急造の慰安所の部屋部屋の前には、兵たちがいくつもの列を作って、並んで待っていた。前の奴《やつ》が時間をかけていると、何し

ろ皆気がせいているから、
「何をしているか、早くすませてかわれ。後がつかえているんだぞう。」
と叫んで、扉をどんどん叩《たた》いたという。（略）英軍時代には一晩に一人ぐらいを相手にして自分も楽しんでいたらしい女性たちは、すっかり予想が狂って悲鳴をあげてしまった。
（p.151）

慰安婦の募集に応募したのが「娼婦」なら、相手が日本軍人に変わっただけで、何も問題はないのではないか。慰安婦問題について、そんなイメージで語る人がいますが、少し想像すればわかるように、「慰安所」の実情は一般的な「娼館」とは異なるものでした。

行列に並ぶ兵士がいる限り、次から次へと機械のように、性行為の相手をさせられる。施設の監督者が日本軍である以上、日本軍人の性的な「需要」が優先されるのは当然でした。しかも、シンガポールに上陸した日本兵は「昨年の十二月初めに仏印を発《た》ってより、三カ月近くも溜《たま》りに溜った」（p.150）状態にありました。

その結果、慰安婦として働く女性の人権や尊厳を奪い取るような出来事が起きます。

四、五人すますと、
「もうだめです。体が続かない。」

と前を押えしゃがみこんでしまった。それで係りの兵が「今日はこれまで」と打切ろうとしたら、待っていた兵士たちが騒然と猛《たけ》り立ち、撲《なぐ》り殺されそうな情勢になってしまった。恐れをなした係りの兵は、止《や》むをえず女性の手足を寝台に縛りつけ、

「さあどうぞ。」

と戸を開けたという。ちょうど番が来て中へ入ったくだんの衛生兵は、これを見てまっ青になり、体のすべての部分が縮み上ってほうほうのていで逃げ帰って来たというのであった。

(p.151)


著者の総山孝雄は同書の末尾で、あの戦争は「アジア解放の戦い」であり、日本の若者は祖国に誇りを持つべきだと、産経新聞と同様の歴史認識を披露しており、いわゆる「左翼」的な価値観を持つ人物ではないようです。あとがきには、同書の記述の大部分は彼が当時書いていた日記を、ほとんどそのまま書き写したものだと書かれています。

産経新聞社『歴史戦』のあとがきには、「朝日新聞が、慰安婦問題の発端となった記事を取

り消したからといって、世界中に植え付けられた『慰安婦＝性奴隷』といった虚偽の概念は容易に消せません」（p.222）という文言があります。

けれども、シンガポールの「慰安所」で起きた事例は、実質的に「性奴隷」以外には表現の言葉が見つからないほど残酷な女性への仕打ちであり、同じような事例が他の戦域の「慰安所」でも起きていた可能性が否定できないことを考えれば、「慰安婦は性奴隷ではなかった」という「歴史戦」の断定的な主張には、ほとんど説得力がありません。

《日本軍による南京虐殺は「なかった」と主張する「歴史戦」の戦い》

◆「歴史戦」のふたつ目の主戦場：日本軍による南京での虐殺

単行本の『歴史戦』ではほとんど言及されませんでしたが、「産経新聞」の紙面やそのネット版で、慰安婦問題と並ぶ「戦いの主戦場」として大きな比重が置かれているのが、日中戦争当時の一九三七年に日本軍が南京攻略に前後して行った「南京虐殺」です。

日本政府は外務省の公式サイトの「歴史問題Q&A」において、一九三七年の南京虐殺に関する政府としての公式見解を、次のように表明しています。

日本政府としては、日本軍の南京入城（１９３７年）後、非戦闘員の殺害や略奪行為等があったことは否定できないと考えています。

外務省は、被害者の人数については「諸説」あるので、「政府としてどれが正しい数かを認定することは困難」だとしていますが、後述するように、南京攻略戦に参加した日本軍人の日記や手記にも、日本軍人が南京やそこにいたるまでの進撃途上で大勢の中国人市民や中国軍捕虜を殺害した事例が記されており、日本軍による中国人の大量殺害が戦闘以外のかたちで行われたことは、現代の日本人も直視しなくてはならない重い事実です。

しかし、産経新聞は、南京での日本軍による中国人の虐殺は「なかった」かのように主張する「歴史戦」のシリーズ記事を、二〇一五年二月にスタートしました。

二〇一五年二月一五日の「産経新聞」（奈良版）朝刊一面トップには、シリーズ「歴史戦　第9部　兵士たちの証言」第一回の記事で、次のような大見出しが掲げられていました。

南京「人おらん以上、虐殺ない」
城内は空っぽ。兵隊どころか住民も

この記事の中心は、南京攻略戦に参加した元陸軍第六師団歩兵第四七連隊の獣医務曹長による「城内は空っぽでした。兵隊どころか、住民も、誰もおらんでした」「無抵抗の民間人を殺すのが虐殺。だが、人がおらん以上、虐殺があるはずがなか［ない］」「城内では遺体も見とらんです」という証言でした。

しかし、これらの証言を読んで、何かおかしいな、と気付きましたか？

ある部屋の中で、ゴミが落ちていない場所の床だけをクローズアップして写真に撮っても、それは全体の一部に過ぎず、「部屋にゴミが落ちていない証拠」にはなりません。

それと同様に、実際に中国人を殺害した、あるいは殺害されるのを見たという日本軍人の証言と、自分は虐殺など見ていないという日本軍人の証言が両方存在する場合、後者の証言は前者の証言が「事実ではない」ことを証明する証拠にはなり得ません。いずれの場合も、証言者が見聞きできるのは出来事全体のごく一部だけであり、「神」のような視点であらゆる細部を把握している証言者など、一人も存在しないからです（図2）。

にもかかわらず、この証言者は「自分が見なかった」から「南京虐殺はなかった」と、論理を飛躍させて、南京城の内外にある多数の場所で並行的に発生した南京虐殺を否定するような結論を口にし、産経新聞はそれを一面トップの大見出しにしていました。

また、二月一六日掲載の第二回では、「もし大虐殺があれば中国人は日本兵と接しただろうか」という大見出しとともに、占領後の南京に滞在した日本軍人の証言を掲載しましたが、ここでも「露店が何軒か出ていて、日本兵相手に商売をしていた」「住民が平和に商売をしている一方で、毎日たくさんの人が虐殺されているというようなことは全く考えられません」という個人的な感想だけを挙げ、それゆえに「南京虐殺はなかった」という結論に飛躍させるテクニックが使われていました。

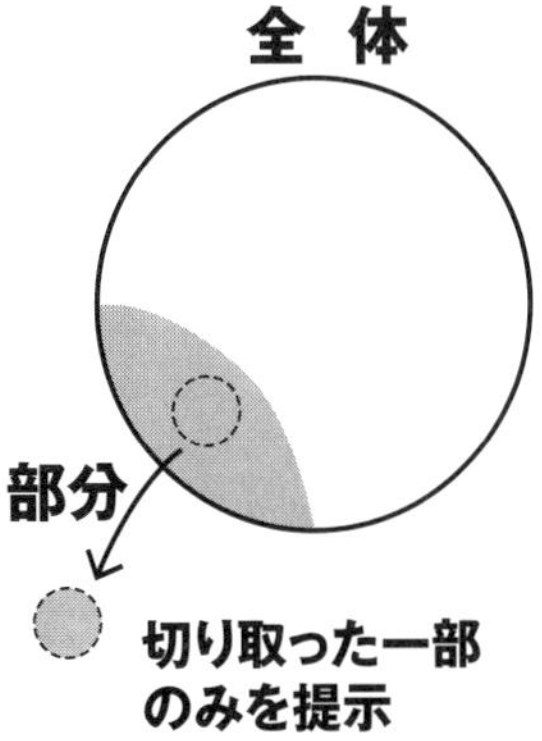

図2　一部を全体であるかのように見せるトリック

◆日本軍部隊の戦闘詳報や日本軍人の日記に記されていた虐殺

日中戦争が勃発した時、中国（中華民国）の首都は、現在の北京《ペキン》ではなく、上海から長江（揚子江）を遡上したところにある南京に置かれていました。その後、日本軍の接近で一九三七年一一月一九日に奥地の重慶へと遷都しましたが、一四世紀から都として栄えたこの地の中心部には、堅牢《けんろう》な城壁に囲まれた「南京城」と呼ばれる区域がありました。

日本軍が南京城内への総攻撃を開始したのは、一九三七年一二月一〇日のことで、城内の大部分が日本軍の支配下に入ったのは、一三日になってからでした。

では、産経新聞が「歴史戦」で紹介した元日本軍人とは正反対の、南京で実際に中国人を殺害した、あるいは殺害されるのを見たという日本軍人の証言はあるのでしょうか。

自民党の山田宏参議院議員は、二〇一七年一二月一四日の九時二七分に、ツイッターの投稿で次のように書いていました。

南京攻略戦に参加した日本兵や、当時南京にいた日本人からの虐殺証言はゼロである…

予備知識のない人なら、現職国会議員がここまで断定的に書いているのを見て、そうなのか、南京虐殺という話は中国による「でっちあげ」なのかと思うかもしれません。山田宏参議院議員の投稿も、そうした効果を狙っているようにも見えます。

しかし、この山田宏参議院議員の書いた内容は事実ではありません。旧日本陸軍将校を中心とした親睦団体である偕行社《かいこうしゃ》が、会員の日本軍人からの聞き取り調査に基づいて編集し、一九八九年に刊行した『南京戦史』では、日本軍が南京で殺害した中国人市民（捕虜や軍服を脱いで市民に紛れた中国兵は含まず）の数を、同団体が確認できた範囲での証拠に基づく推定として、一万五七六〇人と算出していました。

この書物は当初、南京虐殺が「なかった」ことを証明するために、南京攻略戦に参加した軍人に証言や日記などの資料の提出を求めて編纂《へんさん》する予定でしたが、予想に反して、市民と捕虜の大量殺害を裏付ける証言記録が数多く寄せられたため、南京虐殺が事実であることを認めて反省する資料集として、本冊一巻と資料集一巻という構成で出版され、その後収集された資料一巻が一九九三年の増補改訂版で追加されました（引用は増補改訂版より）。

偕行社の『南京戦史』や各地の郷土部隊の部隊史などに収録された、南京攻略戦当時の戦闘詳報（各部隊が記録した公式報告）や、戦争中に刊行された日本軍人の手記、作戦中に書かれた日記を見ると、日本軍による中国人市民や捕虜の殺害は、南京攻略戦以前の上海戦（第二次上海事変）の段階から、すでに始まっていたことがわかります。

俘虜《ふりよ》［捕虜］の大部分は師団に送致せるも、一部は戦場において処分［殺害］《第三師団歩兵第三四連隊の戦闘詳報》　（吉田裕『天皇の軍隊と南京事件』青木書店、一九八六年、p.44）

俘虜は全部、戦闘中なるをもって射殺《第一三師団歩兵第一一六連隊の戦闘詳報》（同）

高山剣士来着す。時あたかも捕虜七名あり、ただちに試し斬りをなさしむ。小生の刀もまたこの時、彼をして試し斬りせしめ、頸《くび》［頭部］二つを見事斬りたり《南京攻略部隊のひとつである第一六師団の師団長・中島今朝吾《けさご》中将の日記》　（『南京戦史資料集Ⅰ』p.218）

上海方面の戦場においては、一般の支那住民は老人、女、子供といえども敵の間諜《かんちょう》［いわゆるスパイを指す当時の言葉］を勤め、あるいは日本軍の位置を敵に知らしめ、あるいは敵を誘導して日本軍を襲撃せしめ、あるいは日本軍の単独兵に危害を加えるなど、まことに油断ならない実例が多いため、特に注意を必要とす。……このような行為を認めた場合においては、いささかも仮借することなく、断乎《だんこ》たる処置を執るべし《第一〇軍参謀長

が杭州湾上陸（一一月五日）直前に通達した「支那住民に対する注意」》

（『天皇の軍隊と南京事件』p.78）

師団長は女、子供に至るまで殺してしまえと言っているということだった。我々は、片端から住民をつまみ出してきた。連隊長大野大佐は、住民を殺せと命令した。（略）少尉は家の中を探して、怪しい者のいないのを確かめると、出ていきかけて、「この部落民も隣村のように皆殺しにするんだ。隣村では、三歳の童子も殺した。用事が終わったら逃がさぬようにしておけ。明朝は全部息の根を止める！」《第一六師団歩兵第二〇連隊の上等兵が、陣中日記や当時のメモなどをまとめて一九四一年頃に著した手記》

（井口和起、木坂順一郎、下里正樹編著『南京事件　京都師団関係資料集』青木書店、一九八九年、pp.220-256）

当時の戦争における各種の法規を定めた国際条約「ハーグ陸戦条約」（日本は一九〇七年に調印、一九一一年に批准）の第二款第二章「間諜」の第三〇条には「間諜の現行犯は裁判を経て罰しなければならない」とあります。したがって、日本軍が上海から南京への進撃過程で行った、老婆や子どもまでをも「間諜の疑い」で裁判を経ず殺害した事例は、この条項からの逸脱であり、実質的には日本軍人による中国人市民の虐殺ということになります。

◆南京虐殺の本質的な議論を「人数の問題」にすり替える論法

二〇一五年二月一六日付の「産経新聞」朝刊二面には、次のような記述もありました。

中国側が主張する「30万人大虐殺」が本当だとするならば、城内の至るところで凄惨な殺戮《さつりく》が行われていたはずだが。

三〇万人という中国側の主張の信憑性《しんぴょうせい》は、南京で日本軍人が中国人の市民や捕虜を虐殺したか否かとは違う次元の話ですが、産経新聞は「歴史戦」で、このふたつを結び付けた上で、前者の信憑性が疑わしいがゆえに「南京虐殺はなかった」という、受け手を間違った方向へと誘導するミスリードのテクニックをしばしば使っています。

ちなみに、慰安婦問題についても、産経新聞などの「歴史戦」は同様に「慰安婦とされた人数の信憑性」に疑いを差し挟む戦術をとっています。

軍と民間業者が複雑に関与する「半公的事業」に慰安婦として関わった女性の数については、全体像を把握できる体系的な記録の消失が原因で、研究者の推定でも二万人から二〇万人まで大きな開きがありますが、「歴史戦」は韓国や中国などで事実と見なされている「二〇万人」という数字の信憑性を問題にし、それへの疑問を、慰安婦問題全体の信憑性への疑問に結び付ける、心理誘導のテクニックを用いています。

日本軍の攻撃が開始された時、中国軍がどれだけの兵力を南京に展開していたかについても、いまだ日本でも中国でも研究者によって数字が定まっておらず、五万人、一〇万人、一五万人など、さまざまな説が提示されています。これは、混乱状態の中で各部隊の位置や兵員数が正確に記録されていなかったためで、こうした記録の不在は日本軍に殺害された捕虜の人数を特定する作業にも、大きな障害となって立ちはだかっています。

また、中国には日本のような整備された戸籍制度がなく、戦争で難民となって移動している市民も多かったことから、市民の死者数を特定する上でも、記録に頼ることができない状態にあります。

このような戸籍の不備は、日本軍も早くから把握しており、満洲事変から二年後の一九三三年一月に日本陸軍の歩兵学校が作成した『対支那軍戦闘法ノ研究』と題した対中国軍戦闘法教育の参考書の「捕虜の取扱」という項目には、次のような記述がありました。

支那人は戸籍法が完全でないだけでなく、特に兵員は浮浪者が多く、その存在を確認できるものが少ないゆえ、仮にこれを殺害または他の地方に放っても、世間的に問題となることなし。

（『天皇の軍隊と南京事件』p.45）

中国では戸籍に不備があるから、殺してもあまり問題にならないだろう。このような文章が、日本軍人向けの教科書に記されていた事実は、その後の日中戦争で日本軍が行った中国人に対する非人道的行為の背景として、無視できない大きな意味を持ちます。また、戸籍制度の不備は、被害者の人数特定を困難にするだけでなく、数字の信憑性を口実にした「出来事の発生そのものを否認する強弁」を許す余地を生じさせています。

昭和天皇の弟（大正天皇の第四男子）である三笠宮崇仁《たかひと》は、戦争中は陸軍将校として中国戦線に派遣された経歴を持つ皇族ですが、月刊オピニオン誌「THIS IS 読売」（読売新聞社）の一九九四年八月号に掲載されたインタビューの中で、彼は南京虐殺に関する議論について、次のような所見を述べていました。

最近の新聞などで［南京の虐殺が］議論されているのを見ますと、なんだか人数のことが問題になっているような気がします。辞典には、虐殺とはむごたらしく殺すことと書いてあります。つまり、人数は関係はありません。私が戦地で強いショックを受けたのは、ある青年将校から「新兵教育には、生きている捕虜を目標にして銃剣術の練習をするのがいちばんよい。それで根性ができる」という話を聞いた時でした。それ以来、陸軍士官学校で受けた教育とは一体何だったのかという懐疑に駆られました。（pp.54-56）

三笠宮は、同じインタビューにおいて、満洲駐屯の日本軍部隊が中国兵捕虜を杭《くい》に固定して毒ガス弾を発射するなどの方法で「虐殺」する実写映画を、南京の「支那派遣軍総司令部」で観《み》たと語っています。日本軍人による中国戦線での虐殺などの非人道的行為は、南京という一か所のみで発生した特殊な出来事ではなく、その後の期間にも広大な戦域のあちこちで発生していた事実に留意する必要があります。

《南京虐殺問題や慰安婦問題は「中国と韓国による日本への攻撃」》

◆「中国・韓国政府の言い分」の否定で「事実無根」と思わせる論理の詐術

こうした一連のスタンスを見れば明白なように、過去の歴史を「歴史戦」という戦いの図式で捉える思考は、その戦いで「勝利」するために、戦中の「大日本帝国」が行った非人道的行為を事実と認めることを拒絶し、戦争における「加害」を否認しています。

むしろ、現在の日本が南京虐殺問題や慰安婦問題を口実に「中国と韓国から不当な攻撃を受けて国の名誉を貶《おとし》められている被害者」であるかのような、被害側と加害側が入れ替わった論理的な倒錯状態を創り出すことに、力を注いでいるようです。

そこで「被害のシンボル」として扱われているのが、「三〇万人」という中国政府が主張する南京虐殺の犠牲者数であり、「二〇万人」という韓国政府が主張する慰安婦制度の犠牲者数です。「歴史戦」は、これらを「日本を不当に攻撃するプロパガンダ戦の武器」だと捉え、それらを打ち消すことに全力を注いでいます。

これは、産経新聞などの「歴史戦」の言説に見られる大きな特徴であり、一九三七年の南京とその周辺で起きた事実関係の解明や、慰安婦制度という半官半民の事業全体の解明よりも、南京虐殺に関する中国政府の「言い分」や、慰安婦問題に関する韓国政府の「言い分」の信憑性を否定することに、そのエネルギーの大半を振り向けています。

冷静に考えればすぐわかるように、南京虐殺に関する中国政府の「言い分」や、慰安婦問題に関する韓国政府の「言い分」の一部に、間違っている点や不確かな点があったとしても、それが「歴史戦」の主張するような「南京虐殺はなかった」「慰安婦問題はなかった」という結論の正しさを意味するわけではありません。

しかし「歴史戦」の言説は、あたかも中国政府や韓国政府の「言い分」に信憑性が薄いことを証明すれば、それが「南京虐殺はなかった」「慰安婦問題はなかった」という結論につながるかのような、受け手を錯覚させる心理誘導のテクニックを用いています。

これは、一般に「誤った二分法」と呼ばれる詭弁《きべん》論法のパターンです。

多面的に検証すべき問題を、本来比較の対象になり得ない、つまり次元の異なるAかBかという二項対立に矮小化《わいしょうか》した上で、Aの信憑性を否定すれば、自動的にBが正しいと立証されたかのように錯覚させる論理の詐術です。

実際には、AとBのどちらか一方が正しいという保証はどこにもなく、AもBも間違いで、正解はCであるという場合が少なくありません。

南京虐殺の犠牲者として語られる「三〇万人」という数字や、慰安婦の総数として語られる「二〇万人」という数字が、仮に誇張であったとしても、戦時における占領地の市民虐殺や女性への性的虐待という問題の非人道性は変わりません。仮に、南京虐殺の被害者数が三万人で、慰安婦の総数が二万人であったとしても、「だから日本軍のやったことに何の問題もない」という結論にはなりません。

◆「歴史戦」の序章としての「歴史戦争」

産経新聞が「歴史戦」というシリーズ記事の第一回を掲載し、紙面でこの言葉を使い始めたのは二〇一四年四月一日でしたが、産経新聞社が刊行する月刊のオピニオン雑誌「正論」では、これ以前から「歴史戦争」という言葉を用いて、のちの「歴史戦」と同様の主張を展開していました。

例えば、「正論」二〇一三年五月号の特集タイトルは「歴史戦争に勝つ！」で、その一本目の対談記事「反日国際ネットワークの新たなる策謀」では、評論家の江崎道朗《みちお》と東京基督《キリスト》教大学教授（掲載時）の西岡力《つとむ》が、それぞれ次のように述べていました。

江崎　いま、「歴史戦争」の時代だと言われています。「歴史戦争」は中西輝政・京都大学名誉教授が最初に使われた言葉だと思いますが、本来は学術研究の対象などに過ぎない歴史が、国家同士の主権の争いで武器とされる状況を指しています。（略）

西岡　江崎さんが昨年十二月に発刊された『コミンテルンとルーズヴェルトの時限爆弾』（展転社）には、その「歴史戦争」がなぜ起きたのか、日本はどのように「歴史戦争」を仕掛けられているのかを考えるうえで、重要な指摘がなされています。

　端的に言えば、中国共産党が九〇年代初頭、国内での反日教育の徹底を決定すると同時に、南京事件と慰安婦問題を材料に、「日本が第二次世界大戦期にホロコーストをした」という反日国際キャンペーンを進めることを決めた。（略）日本がその後南京事件や慰安婦問題で世界中で批判にさらされ続けてきた背景には、この中国共産党の国際的な反日謀略があるということです。

（pp.64-65）

江崎道朗の「本来は学術研究の対象などに過ぎない歴史」という言葉は、彼が「学術研究としての歴史」を内心で軽んじ、見下しているようにも読めます。
そして、対談記事の最後では、江崎道朗がこんな言葉で締めくくっています。

江崎　アメリカをはじめ世界中で反日宣伝が繰り広げられていますが、「歴史戦争」を仕掛けているのは中国共産党であって、「敵は中国共産党だ」という明確な国際情勢認識が必要です。(p.74)

この江崎道朗の主張、つまり「日本が南京虐殺や慰安婦問題で国際社会で批判を浴びているのは、中国共産党の反日謀略のせいだ」という解釈は、産経新聞をはじめとする「歴史戦」の論者にほぼ共通する情勢認識です。

しかし現実には、国際社会で南京虐殺や慰安婦問題が批判的に語られる大きな理由のひとつは、戦後の日本がこのふたつの出来事について、戦後のドイツがいわゆる「ホロコースト（ナチス時代のユダヤ人大量虐殺）」に関して行ったような「事実の認定」や「反省」、「再発防止のための教育」などの、批判的な総括を十分に行っておらず、逆にそれが事実であったことを「否認」する論者が日本国内に少なからず存在していることにあります。

ドイツの場合も、戦後すぐにこうした批判的な総括をしたわけではなく、現在のような状況にいたるまでには紆余曲折《うよきよくせつ》がありましたが、現在のドイツでは、一九三〇年代のナチス政権発足から一九四五年のドイツ敗戦にいたる時期に行われた非人道的行為について、批判と反省の文脈で展示する博物館や施設が、かつて強制収容所であった場所（ダッハウやザクセンハウゼンなど）も含めて、数多く存在しています。

また、ナチスによるユダヤ人の大量虐殺について、そのような出来事は「なかった」と否認する行為は、ドイツ国内では犯罪として取り締まりの対象になっています。つまり、第二次世界大戦中にナチス政権下のドイツが行った数々の非人道的行為を、現在のドイツは批判と反省の文脈で内外に向けて総括しているので、かつてドイツの侵略を受けたり国内のユダヤ人が虐殺されたりした周辺諸国が、ナチスの蛮行を蒸し返して、現代のドイツを声高に非難するような光景は見られません。

◆政治家が「南京虐殺はなかった」と公言することの意味

こうした戦後ドイツの態度と比較して、戦後日本の状況はどうでしょうか。

一九三〇年代の軍部が政治的な発言力を持ち始めた時期から一九四五年の日本敗戦にいたる

時期に行われた、大日本帝国の非人道的行為について、批判と反省の文脈で展示する博物館や施設が、日本国内にどれほどあるでしょうか。

戦後の日本では、南京虐殺のような出来事は「なかった」と否認する行為は、犯罪とは見なされず、それどころか現職の国会議員がそれを主張する光景すら珍しくありません。

二〇一二年二月二〇日、河村たかし名古屋市長（二〇〇九年から現職）は、姉妹都市である南京市の訪問団と会談した後の記者会見で、「南京事件」について「一般的な戦闘行為の結果、大勢の方が亡くなられた」としつつ、「一般市民のいわゆる虐殺行為はなかった」と述べました（二〇一二年二月二一日付のJ－CASTニュース記事ほか）。

この記事によれば、河村たかし名古屋市長はこの記者会見で、市長の父親が「南京事件の八年後の終戦時（一九四五年）に南京にいた」が、現地の人からとても親切にされたとの証言を根拠に、「虐殺があったところでそんなに優しくしてもらえるはずがない」という自らの「分析」を披露し、訪問団に「南京市で南京事件の討論会を開いてほしい」と要請し、実現の折には自分も参加する意欲を示しました。

これに対し、中国外務省の副報道局長は二月二〇日のうちに会見を行い、「そのような見解には賛成できない」「確かな証拠がある」と反論しました。

それから半年後の二〇一二年八月三日付の「産経新聞」朝刊に、「私たちは、河村たかし名古屋市長の『南京』発言を支持します！」という意見広告が掲載されました。広告主催者は、渡部昇一（評論家）が代表を務める「南京の真実国民運動」という団体で、呼びかけ人として大きく列記された八人の中には、安倍晋三（掲載時の肩書きは「元内閣総理大臣・衆議院議員・自民党」）、平沼赳夫《たけお》（同「衆議院議員・たちあがれ日本代表」）、石原慎太郎（同「東京都知事」）らの名前がありました。

また、広告の左側には「賛同する国会議員」として、安倍晋三（現総理大臣）と世耕弘成《せこうひろしげ》（現経済産業大臣）、片山さつき（現内閣府特命担当大臣など）、佐藤正久（現外務副大臣）、下村博文（元文部科学大臣）など、計六一人の国会議員の名前が列記されていました。

この団体は、二〇一二年九月二四日付の「産経新聞」朝刊にも、より大きなサイズ（一〇段スペース）で第二弾の意見広告を出稿しましたが、見出しと呼びかけ人は第一弾と同じで、安倍晋三の名が最右翼に配置され、第一弾の広告に掲載された寄付の呼びかけに応えた七一一人（法人も含む）の名前が、小さな字でびっしりと掲載されました。

その中には、安倍晋三議員の地元である山口県の「神道政治連盟山口県本部」や、安倍晋三議員と関係の深い政治運動団体「日本会議」の副会長である小田村四郎（当時）と小堀桂一郎の名前もありました。団体代表の渡部昇一と、呼びかけ人の一人である櫻井よしこ（ジャーナリスト）も、日本会議の機関誌「日本の息吹」にたびたび寄稿や講演録、対談録が掲載されており、平沼赳夫議員は広告掲載時には「日本会議国会議員懇談会」の会長を務めていました。

この日本会議と安倍政権の深い関係については、拙著『日本会議――戦前回帰への情念』（集英社新書）で詳しく読み解いていますが、日本会議という団体も「大日本帝国」の価値観と思想体系を色濃く継承しており、戦前や戦中の精神文化を現代に甦《よみがえ》らせることが、日本を本来あるべき姿に「取り戻す」ことになるという主張を展開しています。

河村たかし名古屋市長は、五年後の二〇一七年一月二三日の記者会見でも「いわゆる南京事件はなかったのではないか」との自説を示していました。

同年一月二三日付の産経WESTネット版記事によれば、河村市長は「市民を30万人虐殺したことが本当だったら土下座しなければならない。しないのだったら反論しなければ。議論が必要だ」と述べましたが、これは先に触れた「誤った二分法」という詭弁の典型例で、「市民を30万人虐殺したこと」が事実でなくても「南京虐殺はなかった」という結論には論理上なりませんが、そうなるかのように受け手を誘導しようとしています。

現在のドイツは、ナチス体制下の自国が第二次世界大戦中に行った行為への批判に対して、「当時のナチス・ドイツ」の名誉を守るための「歴史戦」など、まったく行っていません。にもかかわらず、現在のドイツは第二次世界大戦中の周辺諸国への侵略や、ユダヤ人をはじめとする市民の大量虐殺、労働者の徴用、資源の収奪などを、それらの被害国から表立って感情的に非難されておらず、比較的良好な関係を再構築することに成功しています。

言い換えれば、ドイツという「国家」の名誉は、自国の負の歴史を認めて主体的に反省することで、逆に回復されています。「ホロコーストを事実だと認めれば、ドイツは未来永劫《えいごう》『虐殺民族』の烙印《らくいん》を押される」というようなことにはなっていません。

それは、なぜでしょうか。現代のドイツと現代の日本で、何が違うのでしょうか。

《シンガポール侵略の認識に見る「歴史戦」と「歴史研究」の違い》

◆「歴史戦」「歴史戦争」の一環としての「大東亜戦争肯定論」

産経新聞社が刊行する「正論」は、「歴史戦争」の一環として「大東亜戦争肯定論」の記事も頻繁に掲載しています。こうした「戦争肯定」の言論活動が堂々と行われているところも、現代のドイツと現代の日本が大きく異なるところです。

同誌の二〇一五年四月号では、「アジアは忘れない　戦後70年の大東亜戦争肯定論」という小特集の中に、ジャーナリストの井上和彦による「大東亜戦争の真髄　シンガポール攻略作戦(上)」という記事がありましたが、日本軍の山下奉文《ともゆき》中将とイギリス軍のアーサー・パーシバル中将の降伏交渉についての記述を、次のような言葉で締めていました。

かくして降伏およびシンガポール占領は〝武士道精神〟に基づいて行われ、シンガポールは「昭南島」となったのである。(p.217)

井上和彦は、シンガポールを占領した日本軍が、戦死した日本軍将兵を慰霊する「忠霊塔」を現地で建てた際、イギリス連邦軍戦死者の慰霊碑も建てた逸話を紹介し、これがシンガポールの中学校教科書でも紹介されている事実に触れた上で、こう書きました。

まさしく武士道精神である。日本軍人の戦場における振る舞いは世界一だった。(p.219)

この記事の後編（下）は、同誌の二〇一五年五月号に掲載されましたが、井上和彦はそこでも日本軍のシンガポール攻略について、全面的に肯定する論調で書いていました。

シンガポールにはいたるところに戦跡記念碑が建ち、まるで国全体が戦跡公園といった感がある。激戦地などにはブック（本）型の記念碑が建ち、日本語でも解説されている。中でも、シンガポール最大の観光スポットであるマーライオン像の近くにある「Indian National Army（インド国民軍）」の記念碑の存在は、日本で広く知られるべきである。

(p.294)

インド国民軍とは、日本軍がマレー半島とシンガポールで捕虜にしたイギリス軍（この頃のイギリス軍には、イギリス本国の軍人だけでなく、元イギリス植民地だったオーストラリアの兵や、当時イギリスの植民地だったインドの兵なども編入されていた）将兵の中から、インドのイギリス植民地からの独立を目指すインド兵を募集して、シンガポールで編成した義勇兵部隊のことで、シンガポールにはインド系の住民も多いことから、この部隊に関する情報は他の戦史博物館でも展示されています。
その一方で、井上和彦はシンガポールの中心部に建つ塔のような記念碑について、インド国民軍に関する記述とは異なるトーンで、次のように書いています。

そんな記念碑の中で複雑な心境となるのが、シンガポール島の戦争記念公園に建つ「日本占領時期死難人民記念碑」、つまりシンガポールを占領した日本軍によって処刑された抗日華僑《かきょう》らの慰霊碑だ。抗日華僑処刑の実態はよく分かっていないが、事件の背景には、日本軍がイギリスを駆逐したことで、それまでの特権的地位を失った華僑たちの複雑な対日感情があった。

(p.297)

彼が書いている「抗日華僑」とは「日本軍の侵攻に（武力で）抵抗した中国系市民」という意味ですが、中国系市民全体に占める割合はごくわずかでした。
そして井上和彦は、記事の最後をこう締めくくっています。

日本軍は、アジアの人々に希望と自由、そして独立の喜びを与えたのだ。よくぞ戦った

り日本軍！　（p.300）

◆現地シンガポールで確認した井上和彦の記述に反する「事実」

この井上和彦が「正論」で書いている内容は、果たして事実なのでしょうか？

筆者は、二〇一五年一二月にシンガポールへ行き、井上和彦が記事で紹介している場所をすべて訪れました。けれども、私が現地で見て確かめた事実関係は、彼が記事で書いている内容とは大きく異なるものでした。

例えば、井上和彦が「抗日華僑らの慰霊碑」と呼んでいる記念碑は、土台部分に英語で“Memorial to the Civilian Victims of the Japanese Occupation 1942-1945”と大きく表示されています。その意味は「一九四二年から一九四五年までの日本占領統治時代の民間人犠牲者の記念碑」です。高さ六八メートルに達するこの記念碑は、白くて細い四本の塔が組み合わさったデザインですが、塔はそれぞれ中国系、マレー系、インド系、ヨーロッパ系の「市民」あるいは「民間人」を表しています。

つまり、「華僑（中国系）」だけでなく、また「抗日」という日本に刃向かった人間だけでもない、大勢の「民間人の犠牲者」を慰霊する碑ということです。

図3　憲兵隊東支部に関する記念碑

それでは、こうした「民間人の犠牲者」はどのようにして生まれたのか。彼が記事中で紹介した、市内のあちこちにある「ブック型記念碑」が教えてくれます。

例えば、日本軍が進駐する前にイギリス軍の司令部が置かれていた、フォート・カニングという丘の近くにある「ブック型記念碑」には、次のような説明が記されています（図3）。

憲兵隊東支部

図4　「大検証（粛清）」検問場に関する記念碑

かつてここにあった旧YMCAビルに「日本軍の」憲兵隊東支部が置かれた。憲兵隊による「粛清」行動のなか、抗日活動の嫌疑を受けた大勢の華人「中国系市民」が生命を落とした。抗日容疑者たちは取り調べで拷問を受け、その悲鳴がビル周辺の静寂を破ることもしばしばであった。

また、チャイナタウンの

一角に建つ「ブック型記念碑」には、こう書かれています（図4）。

「大検証（粛清）」検問場

ここは憲兵隊がいわゆる「華僑抗日分子」の選別を行った臨時の検問所の一つである。1942年2月18日、憲兵隊による「大検証」が始まった。18歳から50歳までのすべての華人男性は、取り調べと身元確認のため、これらの臨時検問場に出頭するよう命じられた。幸運な者は顔や腕、あるいは衣類に「検」の文字を押印されたのち解放されたが、不運な人々はシンガポールの辺鄙《へんぴ》な場所に連行され処刑された。犠牲者は数万人と推定される。

日本軍はシンガポールを占領したあと、現地の人々にはまったく何の説明もなく、一九四二年二月一四日付で島の名前を「昭南島」と変更し、昭南特別市という行政機構を置いて、終戦まで「日本領」として支配し続けました。現地の住民に行政権を移譲して独立させるような動きは、シンガポールではまったく行われませんでした。

井上和彦は、このような一方的な支配権の確立を「武士道精神」と美化していますが、実際にはシンガポールが「昭南島になった」のでなく「日本軍が侵攻・占領して現地住民の意向を無視して大日本帝国の領土に組み込み、昭南島と名前を変えた」のです。

こうした状況のことを、一般に「侵略」と呼びます。

そして日本軍は、井上和彦が「武士道精神の名将」と褒めたたえた山下奉文中将の命令で、占領したシンガポールの中国系市民に「抗日」という疑いをかけ、海岸や船上、内陸の谷に連行して機関銃で大量に殺害し、死体は海に流したり地面に埋めたりして処理しました。その犠牲者の数については、いくつかの説がありますが、日本軍関係の記録や証言では約五〇〇〇人、シンガポール側の公式記録では約五万人の中国系市民が、日本軍に刃向かう「抗日分子」の烙印を押されて殺害されました（林博史『シンガポール華僑粛清』高文研、二〇〇七年、許雲樵、蔡史君編、田中宏、福永平和共訳『日本軍占領下のシンガポール――華人虐殺事件の証明』青木書店、一九八六年、篠崎護『シンガポール占領秘録』原書房、一九七六年、シンガポール・ヘリテージ・ソサエティ編、リー・ギョク・ボイ著、越田稜監訳『日本のシンガポール占領――証言＝「昭南島」の三年半』凱風社、二〇〇七年などを参照）。

井上和彦は、これらの中国系市民の大量虐殺について「実態はよく分かっていない」とはぐらかしていますが、政治目的の「歴史戦」とは違う「歴史研究」の分野においては、具体的にどの日本軍部隊がどのようにして中国系市民を集め、どこに連行し、どんな方法で殺害したのかという事実関係の解明が進んでいます。

しかし不思議なことに、南京での市民虐殺については「なかった」とか「日本軍人がそんなことをするはずがない」と否定する「歴史戦」の論者も、シンガポールでの市民虐殺については「なかった」と主張していないようです。井上和彦のように言葉を濁してはぐらかすか、最初から無視するかのどちらかです。

また、井上和彦が「日本軍の武士道精神が評価されている証拠」として語る、シンガポールの中学校教科書の記述も、その引用元とされるロングマン・シンガポール出版社が一九八五年に刊行した中学校初級用の教科書『現代シンガポール社会経済史』の内容を確かめると、その趣旨は「オーストラリア兵がいかにシンガポールを守るために勇敢に戦い、敵である日本兵からも賞賛を得たか」という話であって、彼が主張しているような、日本軍や山下奉文の「武士道」を褒めたたえるものではまったくありませんでした。

それどころか、この中学校教科書は日本占領統治時代のシンガポールについて、次のように自国の中学生に説明していました。

一二三年間、シンガポールの人びとは平和に暮らしていた。日本軍がシンガポールを攻撃したとき、人びとは戦争の恐怖を体験しなければならなかった。日本軍が島を占領した三年半の間は、さらに大きな被害と困難な状況が待ち受けていた。この時期は、日本軍占領時代として知られている。

イギリス軍が降伏してからすぐ、シンガポールの町は恐怖の都市と化した。（略）シンガポールは昭南島（ショウナントウと発音）、あるいはショーナンアイランドと名前を変えさせられた。〝ショーナン〟は〝南の光〟を意味する。しかし、この〝光〟は明るく輝くことなく、シンガポールの人びとは日本の支配下で彼らの生涯のうち、もっとも暗い日々をすごした。

（越田稜編著『アジアの教科書に書かれた日本の戦争・東南アジア編《増補版》』梨の木舎、一九九五年、pp.20-21）

◆「大日本帝国」に都合のいいように事実をねじ曲げて伝える行為の意味

井上和彦は、二〇一五年八月にＰＨＰ研究所から刊行された著書『ありがとう日本軍――アジアのために勇敢に戦ったサムライたち』の中で、次のように述べています。

戦後のGHQによるウォー・ギルト・インフォメーション・プログラム（戦争犯罪宣伝）にすっかり洗脳された現在の日本人の中には、いまだ〝アジア諸国の反日感情〟なるフィクション（虚構）を得意げに口にする愚かな人士も多い。それを自ら確かめることなく――。（p.2）

けれども、私が現地で実際に「自ら確かめ」た結果は、先に述べた通りです（彼が言及している「ウォー・ギルト・インフォメーション・プログラム」については、第四章で改めて触れます）。井上和彦は、記事の内容を現地で「自ら確かめ」たりする読者はまずいないだろうと甘く見て、このような挑発的な文言を書いたのかもしれません。

また、井上和彦はこの本の中で、「戦後、反日感情が強いといわれてきたシンガポールでも、実際に訪れてみると歴史に基づく反日の声を聞くことはほとんどない」（p.3）と、あたかもシンガポールの人々が過去の「大日本帝国」の行いを否定的に捉えていないかのように書いていますが、これも読者の印象をさりげなく誘導する言葉のトリックです。

少し考えればわかることですが、現代の日本人旅行者を、シンガポールやその他の東南アジア諸国の人々が快く迎えるのは、相手が「大日本帝国」から侵略目的で来たのではなく、戦後の民主化された「日本国」から観光やビジネスで来た日本人だと知っているからです。

先に紹介した「日本占領統治時代の民間人犠牲者の記念碑」を、井上和彦が「抗日華僑らの慰霊碑」と意味をねじ曲げて紹介したのも、そうしなければ「シンガポールの人々は今も大日本帝国が行った蛮行を忘れていない」という事実を無視できなくなるからです。

井上和彦をはじめとする、自分が今も「大日本帝国」の臣民であるかのように振る舞う一部の日本人とは異なり、世界各国の人々は、戦争中の「大日本帝国」と、その反省に立って戦後に民主化された「日本国」を、きちんと分けて考えています。「許そう、しかし忘れまい」とは、シンガポールでもフィリピンでも、かつて「大日本帝国」の侵略を受けた東南アジアの国々でよく語られる言葉です。

この本の帯には、「実際にかつての戦場を歩いてみれば、日本軍の功績を讃える声が満《み》ち溢《あふ》れている！」と記されていますが、先の戦争で日本軍が戦った戦場を歩いて「大日本帝国」に都合のいい展示や光景にだけ目を向け、不都合な展示や光景は一切見ずに無視する態度をとれば、そのように感じられる、という話でしかありません。

例えば、彼はこの本のタイを扱った章で「泰緬《たいめん》鉄道」（日本軍が連合軍の捕虜とアジア各地で動員や強制連行した労務者を苛酷な環境で酷使して建設させた、タイとビルマを結ぶ鉄道）に触れて、「鉄道や橋梁《きょうりょう》建設に従事した英軍の捕虜が命を落とした」（p.54）と簡単に書いています（労務者とは日本軍の監督下で土木工事などに従事させられた作業員）。

けれども、事故や過労、病気、衰弱などで約一万三〇〇〇人の連合軍捕虜に加え約八万五〇〇〇人のアジア人労務者が死亡したこと、その死者の多さから国際的には「死の鉄道（デス・レイルウェイ）」と呼ばれている事実には一切触れていません。

たった一本の鉄道を建設するために、日本軍が一〇万人近い連合軍捕虜とアジア各地の労務者を死なせていた事実に、「歴史戦」の論客は言及しようとしません。

こうした事実は、井上和彦が本の中で写真入りで紹介しているタイ・カンチャナブリの「JEATH戦争博物館」の展示や、そこで売られている“The Thai-Burma Railway”（Rod Beattie著、二〇〇七年）などの資料集を買って読めば、簡単に知ることができるものです（前記した死者の数は同書による）。しかし、井上和彦は実際にその場所へ行っているにもかかわらず、「大日本帝国」にとって不名誉となる事実から、徹底して目を背けて無視する態度を貫いています。

井上和彦は、産経新聞出版からも二〇一三年に『日本が戦ってくれて感謝しています――アジアが賞賛する日本とあの戦争』という、ほぼ同趣旨の日本軍礼賛の著書を上梓しています。

日本人である著者が、日本軍の侵略を受けたアジア人の心情を「日本が戦ってくれて感謝しています」などと勝手に代弁して戦争を正当化する姿は、日本人の美徳とされる「謙虚」や「謙譲」とは正反対の態度です。

同書の「はじめに」で、井上和彦はこんなことを書いています。

戦後の日本社会は、明治以降の近現代史を醜聞の色に染め上げた「自虐史観」に支配されてきた。しかしこれまで私が自分の足で歩き回って見聞してきたアジアには、日本のマスコミが声高に叫ぶ〝反日〟の声も、また学校で教わるような侵略の歴史も、いまもってお目にかかったことがない。（pp.1-2）

以上のように、井上和彦は「正論」の寄稿や単行本で、シンガポールの旧フォード工場やセントーサ島の戦争博物館で、山下奉文中将の像が立っていることなどを例に挙げ、あたかも「日本軍の武勇」がシンガポールで評価されているかのような解釈を述べています。

しかし、実際にそこへ行って展示内容を見れば、日本軍が行った華僑虐殺や苛酷な占領統治時代の犠牲に関する説明や写真が多く、シンガポールを含む東南アジアでの日本軍の行動を

「新たな帝国主義の勃興：大東亜共栄圏（The Rise of A New Imperialism: The Greater East Asia Co-Prosperity Sphere)」と表現しているコーナーもあります（旧フォード工場博物館の展示の見出し）。当然、井上和彦もこれらを目にしたはずです。また、旧フォード工場やセントーサ島の戦争博物館にある山下の像は、降伏交渉を行った一方の指揮官だというだけで、もう一方の指揮官であるイギリス軍のパーシバル中将像も一緒に立っており、武士道礼賛のような意味はまったく込められていません。

歴史的な事実を「大日本帝国」に都合のいいように歪曲《わいきょく》したり恣意的に一部分のみを切り取った内容を繰り返し著書や雑誌記事に書き、「大日本帝国」に否定的な事実は一切書かず、現地に行く機会のない読者に、それが事実であるかのように信じさせる行為は、ジャーナリストとして罪深い裏切りであると言わざるを得ません。

《「歴史戦」全体に共通する方向性としての「大日本帝国の擁護」》

◆全体の「一部分」に過剰な光を当てて「問題の核心」と信じさせる手法

産経新聞などが行う「歴史戦」は、慰安婦問題や南京虐殺の否定に留《とど》まらず、先の戦争における「大日本帝国」の行動を擁護し、日本軍のさまざまな行為を正当化するという方向性で、あらゆる歴史的事実の「再定義」を行っています。

そこに見られるのは、「大日本帝国」時代の日本軍や日本政府に対する批判について、まず「日本は悪くない」という結論を立てた上で、批判の内容から「反論しやすい弱点」だけを抜き出し、その一部分にのみ過剰な光を当てて「問題の核心」であるかのように印象づけた上で、そこに矢のような「反論」をぶつけて「論破」するという手法です。

例えば、南京虐殺問題では、中国政府が主張する「三〇万人」という被害者数に過剰な光を当てて、それが南京虐殺問題の「核心」であるかのような前提を一方的に創り出した上で、三〇万人という数字がいかに非現実的かという「反論」を大量に投入して「論破」した上で、その三〇万人の根拠が崩れたことを理由に「南京虐殺はなかった」という正反対の結論へと飛躍させる論法（先に触れた「誤った二分法」）がよく使われます。

慰安婦問題であれば、吉田証言を根拠にした「人さらいのようなかたちでの強制連行」の有無や、「二〇万人」という韓国政府の主張する人数が、「反論しやすい弱点」として過剰に光を当てる手法の対象として利用されます。

全体の一部分は、あくまで一部分でしかありませんが、その一部分に過剰な光を当てたり、そこだけをクローズアップすることにより、一部分が「全体」であるかのような錯覚が生まれます（35ページの図2を参照）。そうした人為的な錯覚を利用して、自軍に有利な「戦いの構図」を創り出すのが、「歴史戦」の文脈で多用される「基本戦術」です。

改めて指摘するまでもないことですが、こうした態度は「勝ち負けを競う論争ゲーム」のそれであり、歴史研究の姿勢とは根本的に異なっています。

歴史研究とは、過去の出来事について、その全体像を解明するために細部の事実関係を丁寧に検証していくことであり、研究の成果がどんな結論になるのかは、作業を進めている時点では誰も把握していません。あるひとつの新事実の発見により、それまで信じられてきた「こうではないかという仮説」が土台から崩れることも多々あります。

言い換えれば、歴史研究が尊重するのは個々の「事実」であって、最終的に導き出される「結論」ではありません。まず「事実」があって、それを適切に配列した結果として導き出されるのが「結論」です。

これに対し「歴史戦」は、まず「日本は悪くない」という「結論」を立て、それに合う「事実」だけを集めたり、それに合うように「事実」を歪曲する手法をとっています。先に挙げた井上和彦のシンガポールに関する論説は、その実例です。ここで言う「日本」とは、言うまでもなく当時の「大日本帝国」のことで、戦後の「日本国」ではありません。

このような根本的な姿勢の違いが存在するので、歴史学の学者と「歴史戦」の論客の間では、ほとんど話が噛《か》み合うことがありません。ただし、なぜ話が噛み合わないのかという原因である「根本的な姿勢の違い」が明確に認識されることは少ないので、「歴史戦」の論客は、歴史学の学者も自分たちと同じように「勝ち負けを競う論争ゲーム」として、歴史問題を捉えていると理解しているように見受けられます。

その結果、自分たちが「歴史戦」の敵だと認識する中国政府や韓国政府の言い分に耳を傾け、主張の一部に同意し、戦争中の「大日本帝国」を批判的に論じる歴史家がいれば、「歴史戦」の論客は「敵に加担する裏切り者」と判断して、これを攻撃します。「勝ち負けを競う論争ゲーム」としての「歴史戦」の世界では、「敵の敵」は「味方」になります（中国共産党政府と対立するチベットやウイグルの独立派勢力に対し、「歴史戦」の論客の多くが強い共感を示すのはそれが理由です）が、「敵の味方」をする者は、それが日本人であっても「自分たちの敵」、つまり「反日」になるからです。

◆「疑わしきは自国に有利に」という自国利益追求型の歴史認識

もうひとつ、歴史研究と「歴史戦」の大きな違いは、その「成果」を誰に対して提供するかという部分にあります。

他のあらゆる分野の研究と同様、歴史研究も、その成果は同時代の自国民だけでなく、将来の自国民、同時代と将来の他国民に対しても、等しく提供されます。日本人の歴史研究者は、日本人のためだけに、研究という作業をしているわけではありません。

あらゆる分野の日本人研究者が、外国人研究者の研究成果を踏まえて、その先の研究を行うように、外国人もまた、日本人研究者の研究成果を自分の研究に利用します。歴史学の世界においても、そうした全人類的な研究成果の共有が広く行われています。

けれども、「歴史戦」の世界は違います。

その理由は、「勝ち負けを競う論争ゲーム」としての「歴史戦」の「戦果」は、ただ「当座の言い争いで自分の属する陣営が勝つこと」にしか役立たないもので、将来の自国民や、同時代と将来の他国民に対し、何の知的成果ももたらさないからです。

憲政史研究者を名乗る倉山満は、二〇一六年四月に上梓した『歴史戦は『戦時国際法』で闘え』（自由社）の中で、「歴史問題の心得」として、次のように書いています。

国際法を武器にしたら、歴史問題への心得がわかってきます。

三つあります。「疑わしきは自国に有利に」「本当に悪いことをしたら自己正当化せよ」「やってもいない悪いことを謝るな」の三つです。

（p.106）

倉山満は、この前のページで「皆さんが本書で覚えた知識を使えば、明日にでも歴史学者の九割を殲滅《せんめつ》できるでしょう。ぜひ、実行してください」（pp.104-105）と書いていることからも明白なように、歴史学者ではなく、「勝ち負けを競う論争ゲーム」としての「歴史戦」の論客の一人です。

そして、この本の内容は、戦時国際法という専門知識をいかにして「勝ち負けを競う論争ゲーム」としての「歴史戦」に応用するかを通俗的な言葉遣いで説明するものですが、国際法の学術的な専門書とは異なり、著者の主観が随所に差し挟まれて、「大日本帝国」への批判を打ち消す主張が展開されています。

例えば、「大日本帝国」は満洲事変とそれに続く満洲国の建国により、一九三二年に締結された「九か国条約」（日本、アメリカ、イギリスなど中国に権益を持つ八か国と中華民国が、中国における主権尊重と機会均等、独占の禁止などを定めた条約）に違反したとして批判された事実を説明したあと、次のような論法で「大日本帝国」を弁護します。

しかし、さっき言ったように、中華民国がまともな主権国家になる自助努力を示していないのですから、日本は九カ国条約を守る義務などまったくありません。この条約で日本を国際法違反だということ自体が、日本叩きのための完全なプロパガンダです。（pp.43-44）

本来の国際法とは、個人の主観的判断で簡単に条文の解釈を左右できるものではありませんが、倉山満は「まともな主権国家になる自助努力を示していない」という自分の主観だけを理由に、この国際条約は「守らなくていいのだ」と強弁しています。

先に引用した文にある「疑わしき」や「やってもいない悪いこと」も、例えば南京虐殺はなかったと主観的に否認すれば、事実ではないことにできます。

そして、「疑わしきは自国に有利に」という倉山満の「心得」も、彼が歴史研究者ではなく「勝ち負けを競う論争ゲーム」としての「歴史戦」の論客であることを明瞭に物語っています。

彼は同書の中で、読者にこう語りかけます。

読者の皆さんにぜひ覚えておいていただきたいのは、「歴史戦・情報戦を戦うために国際法を知ってほしい」ということです。国際法こそは日本が歴史戦・情報戦に勝つための武器です。（p.22）

◆「歴史戦」と「歴史戦争」を鼓舞する産経新聞

先に述べたように、雑誌「正論」は産経新聞が「歴史戦」と題したシリーズ記事を掲載する前から「歴史戦争」という言葉を用いて、中国と韓国の「歴史を武器にした攻撃」に日本は立ち向かい、それに勝利すべきだという、戦意を鼓舞するアジテーションのような記事を繰り返し掲載していました。

前掲した「正論」二〇一三年五月号の対談記事で、江崎道朗が「『歴史戦争』は中西輝政・京都大学名誉教授が最初に使われた言葉だと思いますが」と述べていた通り、京都大学名誉教授の中西輝政はその三か月前の「正論」二〇一三年二月号への寄稿「現代「歴史戦争」のための安全保障」で、次のような提言を行っていました。

東アジアでは現在、ナショナリズムの衝突に「歴史」を介在させるという「歴史戦争」が繰り広げられているのだ。日本が謝罪し、賠償金を支払っても所詮、解決する問題ではない。その先にあるのは、領土と主権そして国家としての独立の喪失である。今や日本人の誤《あやま》てる「歴史認識」こそ、ミサイルや核兵器よりもはるかに恐ろしい脅威を日本に及ぼしていることを理解しなければならない。日本人が早急に本来の独立主権国家としての歴史観を再建しないことには目前の国の存立が危うくなっている。いまや我々一人一人の歴史観こそが、この「歴史戦争」における安全保障の最後の砦《とりで》なのである。　(p.69)

中西輝政は、中国や韓国との「歴史戦争」に日本が敗れれば、日本は「領土と主権そして国家としての独立」を喪失するかのように、読者を脅す書き方をしています。

そして、南京虐殺や慰安婦問題の非人道性を事実として認め、反省するという「誤てる『歴史認識』」を日本人が抱き続けるなら、それは「ミサイルや核兵器よりもはるかに恐ろしい脅威」になるという論法で、そのような態度を戒めています。

この説明を読んで、あれ、おかしいな、と気付かれましたか？

慰安婦問題はともかく、日本軍が南京で大勢の中国人を虐殺したことを「事実」と認める歴史認識は、戦後の日本で長らく続いてきたものですが、それによって日本は領土や主権、国家としての独立を失ったでしょうか？

戦後の日本は、史上空前の経済的発展を遂げ、文化的にも経済的にも国際社会で高く評価される独立主権国家として繁栄を享受しました。しかし、こうした「現実」は、中西輝政が語る「日本人が早急に本来の独立主権国家としての歴史観を再建しないことには目前の国の存立が危うくなっている」という脅し文句とは、まったく整合しないものです。

これは、冷静に考えれば当然のことで、戦後の日本は「大日本帝国」の思想文化から脱却したことにより、さまざまな分野での自由と権利を獲得し、それが戦後日本の目覚ましい繁栄の礎となってきました。「大日本帝国」時代の日本軍が行った非人道的行為を反省することと、国としての繁栄はまったく別の問題であり、「大日本帝国」時代を反省したからといって領土や主権、国家としての独立を失うという展開にはなりませんでした。

つまり、中西輝政の書いている「脅し」には、事実の裏付けが何もありません。

けれども、産経新聞社の月刊誌「正論」は、産経新聞が「歴史戦」と題したシリーズ記事をスタートさせた二〇一四年四月以降、それと歩調を合わせるかのように、中国と韓国が日本に対して行う不当なプロパガンダ攻撃に日本はいかに立ち向かうかという現実認識に基づく「歴史戦争」の特集記事を繰り返し掲載しました。

「激化する歴史戦争に立ち向かえ」（二〇一四年四月号の総力特集タイトル）
「慰安婦・歴史戦争、我らの反撃」（二〇一四年五月号の総力特集タイトル）
「歴史戦争、勝利への橋頭堡《きょうとうほ》」（二〇一四年六月号の総力特集タイトル）

産経新聞は、このようにして「歴史戦」という戦いの狼煙《のろし》を高々と上げたのです。

第二章　「自虐史観」の「自」とは何か

《自分のアイデンティティーを「大日本帝国の一員」と考える人々》

◆そもそも「自虐史観」や「東京裁判史観」とは何なのか

産経新聞などが展開する「歴史戦」の言説を見ると、「自虐史観」や「東京裁判史観」という言葉がよく用いられていることに気付きます。

例えば、アメリカ生まれの弁護士で、ここ数年は「歴史戦」関連本の著者としても活躍しているケント・ギルバートは、二〇一六年八月に上梓した『いよいよ歴史戦のカラクリを発信する日本人』（PHP研究所）のまえがきで、こう述べています。

［天皇に代わる］新しい神であるＧＨＱによる、邪悪で巧妙な日本解体作戦が、あまりにも功を奏した結果、戦後の日本は七十一年間も自虐史観に苦しめられ、汚名を着せられ、国家は計り知れないほどの損失に苦しんできたのです。（p.7）

ケント・ギルバートは、前年の二〇一五年五月に出した『まだＧＨＱの洗脳に縛られている日本人』（ＰＨＰ研究所）でも、同じような趣旨の文章を書いていました（以下の引用は二〇一七年七月に同社から刊行された文庫版より）。

日本人が日本を擁護する発言や行動を取ると、それを最も批判するのは日本のマスコミです。彼らの正体がマゾヒスティック（自虐的）な性癖を持つ日本人なのか、（略）いずれにしても彼らは、日本の国益のことなどいっさい考えていません。（p.37）

台湾生まれの評論家である黄文雄も、二〇一五年六月刊行の『米中韓が仕掛ける「歴史戦」』（ビジネス社）の中で、「自虐史観」と「東京裁判史観」、そして「コミンテルン史観」という三つの言葉の関連性について、次のように解説しています。

戦後日本人の歴史観をずっと支配してきたものとして、「コミンテルン史観」と「東京裁判史観」の二つがよく取り上げられる。どちらも「自虐史観」とも言われる（略）。

（p.38）

黄文雄によれば、「東京裁判史観」とは「敗戦国日本を『悪玉』、戦勝国連合国を『善玉』とする史観」であり、「法的客観性と公平さの欠如」した「裁判」によって「敗者の日本だけが戦争責任を背負わされ」、一方的に「反省」を押し付けられた半面、「戦勝国の一般市民に対する無差別爆撃や原爆投下などの戦争犯罪」は「不問にされた」ことが、その「史観」の土台となる「東京裁判の性格」だったと書いています（pp.38-39）。

そして彼は、そのような「東京裁判史観」が戦後の日本人の思想にどれほど破壊的なダメージを与えたかについての自分の見立てを、以下のように説明します。

東京裁判は、結果的に日本および日本人が国際社会に生きていく上で、政治、外交、経済、文化的にも大きなハンディを背負わせた。さらに、東京裁判史観の定着によって、日

本人の子孫たちまでが戦争責任や戦争犯罪の汚名を着せられ、悪玉視され、劣等感を助長することになる。（p.39）

この最後の文章にある「汚名を着せられ、悪玉視され、劣等感を助長することになる」という表現は、「自虐史観」や「東京裁判史観」という言葉を好んで使う人々の内面的な価値観を理解する上で、重要なヒントとなる観点だと言えます。

つまり、彼らは戦争中の「大日本帝国」に対する否定的な評価や、戦後の日本人が当時を反省する心理は、歴史的事実を謙虚に学んだ結果ではなく、戦勝国が「東京裁判」の判決によって一方的に日本国民に押し付けたものだ、というふうに解釈しています。

そして、ケント・ギルバートの言葉が示す通り、自分も「日本人」なのに「過去の日本を擁護する行為」を批判するような人間は、自分で自分を虐《いじ》めるという意味において「マゾヒスティック（自虐的）な性癖を持つ日本人」だということになります。

◆なぜ大日本帝国の否定的側面を批判する行為を「自虐」と呼ぶのか

これらの説明を読んで、あれ、おかしいな、と気付かれましたか？

本書の「はじめに」で述べた「日本」と「大日本帝国」と「日本国」の関係を思い出してみてください。「大日本帝国」と「日本国」は、時代区分と基本的な社会の価値観で区別されますが、共に包括的な概念の「日本」に含まれます。しかし、「日本」イコール「大日本帝国」ではありません。「大日本帝国」とは、広汎な意味を持つ「日本」のごく一部に過ぎず、それ以外の「日本」の領域の方がはるかに大きいくらいです。

ここでもう一度、ケント・ギルバートの言葉を読み返してみましょう。

日本人が日本を擁護する発言や行動を取ると、それを最も批判するのは日本のマスコミです。彼らの正体がマゾヒスティック（自虐的）な性癖を持つ日本人なのか（略）。

一見なんでもない文章に込められた「言葉のトリック」に気付かれましたか？

この文章が読者として想定しているのは「現代の日本人」なので、最初の「日本人」とは、当然「日本国の日本人」という意味になるはずです。ところが、二番目の「日本を擁護する」という文において、彼は「日本」という言葉を「大日本帝国」を含めた意味で使っています。

そして、三番目と四番目の「日本」は、再び「日本国」の意味に戻っています。

これらを踏まえて、ケント・ギルバートの言葉を解読すると、こうなります。

「戦後の日本国の」日本人が「大日本帝国」を擁護する発言や行動をとると、それを最も批判するのは「戦後の日本国」のマスコミです。

戦後の日本で「大日本帝国」を擁護するような発言や行動をとる人が、「日本国の日本人」から批判されることには、何の不思議もありません。

戦後を生きる「日本国の日本人」は、この国に歴史上最悪の破滅的な惨禍をもたらした「大日本帝国」の思想文化と他国への侵略などの行動を反省し、二度と同様の「国策の誤り」を繰り返してはならないという強い決意を、復興の出発点にしてきたからです。

つまり、戦後の「日本国の日本人」が戦前や戦中の「大日本帝国」を批判しても、それは「自分で自分を虐めるマゾヒズム」にはまったく当たりません。

また、ひとつの国がある時期において「国策」つまり国の政策を誤り、国民がその誤りに気付かずに支持してしまうことは、日本に限らず、どこの国にも起きる事例です。けれども、一度や二度、過去に「国策」を誤ったからといって、それでその国や国民の名誉が半永久的に失墜したような事例は、世界史を見渡しても特にありません。

過去の「国策の誤り」を認めて反省する行為は、それ自体が「名誉の回復」をもたらすものだからであり、マゾヒズム（自虐）とは正反対の「前向きな態度」だからです。

では、なぜ「日本国の日本人」が「大日本帝国」を批判する行為を「自虐」と呼び、戦前や戦中の「大日本帝国」に批判的な歴史認識を「自虐史観」と呼んで、頑《かたく》なに拒絶する態度をとる人が、戦後の日本に少なからず存在するのでしょうか。

その問いに対する一番シンプルな答えは、彼らが自分のアイデンティティー、つまり自己認識とその帰属先を「大日本帝国」に置いているから、というものです。

彼らは、自分を今でも「大日本帝国」という「立派な集団」の一員だと考えることを、自尊心の拠《よ》り所《どころ》としています。それを自覚している人と、そうでない人の二種類がいますが、彼らは「日本」という概念を、当然のごとく「大日本帝国」を主とする意味で使います。

例えば、自民党の長尾たかし衆議院議員は、二〇一七年九月五日にツイッターで「南京大虐殺はありませんでした。これが私の理解です」と投稿していましたが、彼はその一年前の二〇一六年七月一三日には、「産経新聞」の「天皇陛下　『生前退位』のご意向」という記事のリンクを添えるかたちで「臣民として、重く受け止める報道です」と述べる内容を、ツイッターとフェイスブックの両方に投稿していました。

第一章でも触れたように、臣民とは「大日本帝国」時代の日本国民を指す言葉であり、国民主権の「日本国」とは異質な、国民は絶対的な権威である天皇に従い仕える者という「大日本帝国」の図式を、長尾たかし議員は当然のごとく継承していることを物語っています。

自分が「日本人」であるなら、自分の帰属集団である日本を擁護するのは自然なことだ。日本人なのに日本を擁護しないのは、自分で自分を虐める「自虐」だ。一見もっともらしい、しかし実はトリックが仕込まれたこの説明に、そのまま同意する日本人は少なくありません。性格の素直さゆえに、無自覚に同調する人もいます。

しかし、「日本の名誉」という部分の「日本」が、実は「大日本帝国」を意味するかたちで使われていることが多い事実に、どれだけの人が気付いているでしょうか。

端的に言えば、「歴史戦」の論客が否定的な意味で用いる「自虐史観」とは、第三者的に見れば「大日本帝国を批判的に捉える歴史認識」のことで、「大日本帝国」時代の価値観や思想体系とは違う視点で、自国の歴史を振り返り、反省する態度を指します。

けれども、自覚的に、あるいは無自覚に、自分のアイデンティティーを「大日本帝国」に結び付けて考える人の目には、戦後の日本人が「大日本帝国時代の出来事を批判的に論じる行為」は「自分で自分を虐めている」ように映ります。そして、こうした行為によって、自尊心や名誉、存在価値を傷つけられたという被害者意識を持ち、感情的に反発します。

なぜなら、彼らは常に「大日本帝国」の歴史を、当時の「大日本帝国」の価値観や思想体系の「内側」の視点で考えているからです。それゆえ、彼らは当時の価値観や思想体系に基づいて、「大日本帝国」の行ったことを正当化しようと努力します。

彼らが「大東亜戦争」や「支那」、「英霊」などの「大日本帝国」時代の言葉を、現在でも当たり前のように用いるのは、その証左です。彼らは、同じ考えを持つ集団内の仲間との結束を高めるためにも、「大日本帝国」時代の言葉を意識的に使います。

一方、自分のアイデンティティーを「大日本帝国」と結び付けず、戦後の「日本国」の価値観や思想体系で自国の歴史を振り返る人から見れば、「大日本帝国」の負の側面を戦後の日本人が批判的に捉えて反省する行為が、なぜ「自虐」などと罵られるのか、その理由がさっぱり理解できません。それは、非論理的な言いがかりとしか思えません。

なぜなら、今の「日本国」と戦前・戦中の「大日本帝国」は、包括的な概念の「日本」という意味では連続性のある関係だとはいえ、戦後の「日本国」は「大日本帝国」の価値観や思想体系を継承しない、自由で民主的な社会だと認識しているからです。

ここに、大きな価値観と思想体系の「断絶」が存在します。この「断絶」を無視したまま、歴史認識についての議論をしても、双方の主張は永久に交差しないままです。

◆「自虐史観」と「東京裁判史観」の対極に位置する「皇国史観」の肯定

先ほど引用した『米中韓が仕掛ける「歴史戦」』の中で、黄文雄は「自虐史観」や「東京裁判史観」の対極に位置する歴史認識として「皇国史観」を挙げ、「皇国史観でどこが悪い」という小見出しに続いて、「大日本帝国」時代の歴史認識を全面的に肯定・擁護する論理を展開していました。

第二次大戦後、歴史を勉強する人にとって、皇国史観はタブーになった。軍国主義の同義語とみなされたのである。禁句にまでされなくても、とにかく戦後日本人にとっては、「皇国」は歓迎されなくなった。（略）皇国史観が「軍国主義の復活」「アジアを侵略した大東亜共栄圏」「危険な思想」といった「悪」のイメージを連想させるように仕向けられたのは、何も戦後教育やマスメディアの洗脳だけではない。民間の出版社が出す辞書の中でも洗脳が行われているのだ。（pp.42-43）

そして彼は、辞書に記された「皇国史観」の定義として「大義名分論と国粋主義、排外主義により構成された歴史観」（角川書店『日本史辞典』）や「この史観は大東亜共栄圏の建設の名の下に、国民を大規模な侵略戦争に駆り立てるうえで大きな役割を果たした」（平凡社『世界大百科事典』）を紹介していますが（p.43）、これらの客観的な視点に基づく語句の定義を、黄文雄は「洗脳」という主観的な表現で糾弾しています。

台湾生まれの黄文雄が、自分のアイデンティティーを「大日本帝国」に置いているかのように擁護する光景は一見すると奇妙ですが、彼が生まれた一九三八年には、台湾はまだ「大日本帝国」の一部でした。そして彼は、『神皇正統記《じんのうしょうとうき》』などを援用して「皇国史観」を肯定し、それを「自虐史観」の対極に置くという図式を提示しました。

皇国史観というのは、主に戦前・戦中の「天皇を中心」とする史観であり、歴史教育、歴史研究の主流となる史観を指す。それとは対極的なのが、戦後教育に見られる「自虐史観」と称されるものである。（p.45）

この説明を読んで「おかしいな」と思いませんか?

ここにも、受け手の思考を誘導するトリックが隠されています。

いわゆる「皇国史観」の対極に位置する歴史認識の体系があるとすれば、それは「民主主義的な歴史観」であって「自虐史観」ではありません。

戦後の日本国憲法下で行われた歴史教育は、民主主義の価値観に基づくもので、戦後の教育で「皇国史観」の歴史解釈が否定されたのは、それが日本国憲法に象徴される民主主義の価値観とはまったく相容《あいい》れないものだからです。

いわゆる「皇国史観」は、主権在民や言論の自由、思想信条の自由などの考え方をまったく受け付けません。あらゆる価値判断の基準が「天皇中心」であり、国民は個人の自由や権利を主張せずに天皇のために奉仕し、必要なら喜んで犠牲になるという思想を、歴史教育の文脈でも教え込むのが「皇国史観」に基づく歴史教育です。

戦前と戦中の「大日本帝国」においては、国民は「主権者」ではなく「天皇に尽くす臣民」で、天皇や国家とのつながりから離れて自由な生き方を選ぶ権利を国民に認めるような内容の条文は、当時の大日本帝国憲法には一切ありません。そのような封建的で非民主的な価値観と思想体系の枠内で組み上げられた「皇国史観」が、戦後の日本国憲法の理念に反するとして教育現場から排除されても、何の不思議もありません。

《不都合な問題を丸ごと全否定するのに便利な「洗脳」という決めつけ》

◆「皇国史観」の擁護が示す「大日本帝国」時代の価値観や思考形態の継承

黄文雄の語る「皇国史観」の説明に、もう少し耳を傾けてみると、彼もまた「大日本帝国」時代の価値観や思考形態を現在もそのまま継承していることがわかります。

> そもそも「記紀「古事記と日本書紀」」の流れを汲《く》む日本の伝統史観がなぜいけないのか。もし「神国日本」がダメなら、あるいは中国や韓国が言うように、日本が「悪魔の国」や「ならず者の国」であるなら日本の歴史をどのように語ればよいのか。
> (p.45)

ここでも、受け手を間違った道へと誘導するトリックが使われています。

黄文雄の言う「神国日本」とは、「大日本帝国」時代の日本を指す言葉のひとつで、いわゆる「皇国史観」を指しているものと思われますが、それとは違う、戦後の日本国憲法の価値観に基づく歴史認識を議論するのに、なぜ中国や韓国が出てくるのでしょうか？

いわゆる「皇国史観」の是非は、日本国内における思想や価値観の問題であって、外国である中国や韓国が「日本を何と評しているか」とはまったく関係のない話です。

議論の対象になるのは、戦前と戦中に国民の思考を支配し、この国に破滅的な被害と主権喪失という「最悪の結果」をもたらした、「大日本帝国」時代の歴史認識の体系を、何の反省もなく、戦後の日本人が継承すべきかどうかという問題です。

にもかかわらず、黄文雄は、あたかも中国や韓国が日本を「悪魔の国」や「ならず者の国」だと言っているかのような、根拠の不明な話を引き合いに出し、「神国日本」と「悪魔の国」と「ならず者の国」の三つの中からしか答えを選べないかのような錯覚に受け手を誘導しようとしています。

もちろん実際には、戦後の日本人が継承している歴史認識の体系は、この三つの中にはありません。実質的に、特定の答え以外を選べないようなかたちの三択に問題をすり替えた上で、その特定の答えを選ばせるのは、先に挙げた「誤った二分法」のバリエーションとも言うべき「誤った三分法」で、人の思考を誘導するために使われる詭弁術の手法です。

黄文雄は、いわゆる「皇国史観」が「戦後は一転して『危険思想』『反動』とみなされた」と事実を指摘した上で、「皇国史観を危険視する独自の政治的イデオロギーをもつ勢力からは、その復活を絶えず警戒されているが、日本の伝統主義、平和精神を守るきわめて主体性をもった歴史観だと言える」と書いています（p.47）。

そして、彼はいわゆる「皇国史観」を、次のような論法で擁護します。

外来の史観に比べても決して排他的ではなく、じつに寛容な歴史観である。そのような皇国史観を無理やり「侵略戦争の元凶」と決めつける反日日本人の言動には首をかしげざるをえない。（p.47）

いわゆる「皇国史観」が、戦後の日本で「危険思想」と見なされたのは、それが政府と国民の思考を大きく狂わせる「麻薬」のような効果を持つことを、国民の多くが骨身に染みて理解していたからです。

天皇は神の子孫であり、その天皇を大昔からずっと中心的存在として仰いできた日本人もまた、世界に類を見ない優れた存在である。

そんな自国優越の傲慢な意識を国民に植え付ける思想教育の一環としての「皇国史観」が、当時の世界に何をもたらしたのか。

その本質を知るには、日本人とは違う第三者の視点で考えてみることも有効です。

第二次世界大戦中に日本軍の侵攻を受けたシンガポールが戦後に独立（一九六三年九月一六日にまずマレーシアの一部としてイギリス植民地から独立し、一九六五年八月九日に現在のようなかたちで再独立）したあと、初代首相となった中国系シンガポール人のリー・クアンユーは、一八歳の青年として日本軍の「大検証」（第一章を参照）を生き延びた経験を踏まえ、のちに著した回顧録の中で、当時を次のように振り返っています。

同じアジア人として我々は日本人に幻滅した。日本人は、日本人より文明が低く民族的に劣ると見なしているアジア人と一緒に思われることを嫌っていたのである。日本人は天照大神の子孫で、選ばれた民族であり遅れた中国人やインド人、マレー人と自分たちは違うと考えていたのである。

（『リー・クアンユー回顧録』上巻、小牧利寿訳、日本経済新聞社、二〇〇〇年、p.35）

このリー・クアンユーの回想を読めば、いわゆる「皇国史観」の何が問題なのか、それが日本人の思考をどれほど傲慢にさせ、判断力を狂わせたのかがよくわかります。

いわゆる「皇国史観」に基づく、日本は世界に類を見ないほど優れた国だという極端な自国優越思想が、日本と諸外国の関係を見誤らせ、陸海軍の軍事力を過大評価させ、無謀な戦争を次々と始めさせ、内外で厖大《ぼうだい》な死者を生み出したあと、最終的には連合国への無条件降伏という結果へと導きました。この敗戦で、日本は歴史上初めて「国の主権」を喪失し、数年間とはいえ、独立国としての地位を失いました。

そんな、政府と国民の思考を大きく狂わせて破滅させた「麻薬」のような歴史認識を、戦後の日本人が「もうあんなことは二度とご免だ」という反省とともに拒絶するのは、ごく自然な成り行きで、それは「日本」という国を愛するがゆえの感情と行動だと言えます。

けれども、戦後もなお「大日本帝国」の価値観や思想体系を継承する人間から見れば、こうした感情を持ち行動する戦後の日本人は、「大日本帝国」に対する裏切り者という意味での「反日日本人」ということになります。

奇妙なことに、「大日本帝国」の名誉を守ることに執着する「歴史戦」の論客は、敗戦時の主権喪失や独立国としての地位喪失を「絶対にあってはならない出来事」として反省し、その原因を究明する態度をほとんど示していません。

それらを反省する行為は、「大日本帝国」が大きな失敗をしでかした事実を認めることになるからかもしれませんが、包括的な概念である「日本」という観点で見れば、長い歴史上ただ一度、国の主権や独立国としての地位を失ったことの方が、たった五七年に過ぎない「大日本帝国」の名誉を守ることよりも、はるかに重大な問題であるはずです。

◆テーブルクロスのように使える「自虐史観」「東京裁判史観」という言葉

ここまで見てきたように、「自虐史観」や「東京裁判史観」という言葉は、「大日本帝国」時代の思想文化や価値観を「当たり前の前提」として共有する人々の間でのみ用いられている、あまり普遍性のない言葉です。

このふたつの言葉は、「大日本帝国」に対して批判的な歴史認識について、個々の出来事を具体的に検証することなく、まるでテーブルクロスを引っ張ってその上に載っている皿やグラス、瓶などを全部床に落とすようにして全否定できる、便利な道具です。

この言葉を用いれば、「大日本帝国」に批判的な歴史解釈をすべて「自虐史観」や「東京裁判史観」と決めつけ、あたかも「論評に価しない妄言」のように切り捨てることができます。

シンガポールにおける中国系市民の虐殺のような、当時の日本軍の記録にも残っている明白な非人道的行為であっても、それは「自虐史観」や「東京裁判史観」に洗脳されているのだ、と言い返せば、不都合な現実を直視することから逃れられます。

後者の「東京裁判史観」とは、敗戦翌年の一九四六年五月三日に始まり、一九四八年四月一五日までに計四一六回の公判が開かれたあと、同年一一月一二日に判決が言い渡された「極東国際軍事裁判（通称「東京裁判」）」の判決内容を、戦勝国による一方的かつ不当な「敗戦国の断罪」と捉え、それを戦後の日本における「大日本帝国」に批判的な歴史認識と強引にリンクさせる歴史解釈を指す用語です。

先に引用した黄文雄の「東京裁判は、結果的に日本および日本人が国際社会に生きていく上で、政治、外交、経済、文化的にも大きなハンディを背負わせた」「東京裁判史観の定着によって、日本人の子孫たちまでが戦争責任や戦争犯罪の汚名を着せられ、悪玉視され、劣等感を助長することになる」という文章が示すように、批判的な文脈で「東京裁判史観」という言葉を使う人々は、戦後の「大日本帝国」に対する批判的な言説はすべて「東京裁判」の不当な判決内容が原因であると解釈しています。

しかし実際には、南京虐殺やシンガポール虐殺、泰緬鉄道の建設における連合軍捕虜とアジア人労務者の大量死などの日本軍による非人道的行為への批判は、戦後の研究で明らかになった事実関係に基づくものであり、「東京裁判」の判決は、少なくとも二一世紀に入ってからの「大日本帝国」批判の言説とは関係がありません。

現代の歴史家が、戦中の「大日本帝国」の非人道的行為に関する研究を行う際、「東京裁判」の判決を鵜呑《うの》みにすることは、まずありません。なぜなら、戦後七〇年以上の歴史研究において、戦勝国が戦後の国際秩序の枠組みを構築し直す意図も込めて行った「東京裁判」という政治的行事の問題点も、内外で批判的に検証されているからです。

つまり、仮に「東京裁判」が開かれなかったとしても、日本軍の非人道的行為は「大日本帝国」時代の汚点として、歴史家が事実に基づいて批判の対象にしていたはずです。

けれども、産経新聞などが展開する「歴史戦」においては、戦後の日本や国際社会で事実だと信じられている歴史認識は「戦勝国によって不当に歪められたものだ」という、強い被害者意識や恨みの感情が色濃くにじみ出ています。

例えば、産経新聞社『歴史戦』の序章で、阿比留瑠比はこう書いています。

「歴史は、ほとんど戦争に勝った側が書いている。負けた人からは『公平ではない』と思えるかもしれないが、勝者が書いた歴史が受け入れられている。そのことを日本人は受け入れないといけない」

これは平成18年2月、元駐米大使の栗山尚一にインタビューした際に聞いた言葉だ。

(p.21)

歴史研究についての知識がない人、歴史研究の本をふだん読まない人は、こうした主観的かつ独断的な「決めつけ」を信じてしまうかもしれませんが、これは日本と諸外国の歴史家やジャーナリストに対して、大変失礼で侮辱的な言葉です。

ある戦争や紛争が終結した直後であれば、その戦争や紛争に勝利した側の「宣伝」が国際社会で信じられる場合もありますが、しばらくすれば「戦勝国」側の非人道的行為を示す事実が、ジャーナリストによって暴かれます。そして、さらに数年が経過すれば、各国の現代史家が関係各国の公文書や当事者への聞き取り調査などで事実関係をより高い精度で確認して、全体像を浮かび上がらせる作業を開始します。

例えば、一九九一年の「湾岸戦争」で、アメリカは戦勝国の指導的立場にありましたが、国際社会を味方につけるためにクウェート政府やアメリカ政府が行ったいくつかのプロパガンダは、わずか数年のうちに暴露されています（アメリカ議会でイラク軍の非人道的行為を証言した少女が実は駐米クウェート大使の娘で現地にはいなかったこと、テレビ映像のペルシャ湾で原油まみれになった海鳥はサダム・フセインの命令で放出された原油が原因ではなく米軍の爆撃による流出が原因だったことなど）。

第二次世界大戦の場合、終結からすでに七四年が経過しており、戦勝国側の一方的な言い分だけが国際社会でまかり通っているという事実はまったく存在しません。敗戦国の日本やドイツだけでなく、アメリカ軍やイギリス軍が行った大都市への無差別爆撃や、広島と長崎に対する原子爆弾の投下も、戦争に伴う非人道的行為として、日本を含む各国でしばしば批判されていることは周知の事実です。

このような「勝者が書いた歴史が受け入れられている」という、歴史家やジャーナリストの業績を無視した被害妄想のような思い込みも、「東京裁判史観」という実は根拠のない歴史解釈が一部で根強く信じられている背景のひとつだと言えます。

◆本当に「洗脳」されているのは誰なのか

もうひとつ、「自虐史観」や「東京裁判史観」などの言葉とよく併用されるのが「洗脳」という言葉です。

産経新聞社『歴史戦』の序章には、阿比留瑠比による次のような言葉がありました。


　産経新聞による地道な検証記事の積み重ねが、慰安婦問題に関する韓国や左派メディアによる「洗脳」を解いた部分もあると自負する。（p.21）

洗脳（ブレインウォッシング）とは、政府や社会集団、宗教団体などが、配下の人間の思想や思考を実質的に支配し、特定の価値観や政治信条を植え付けたり、罪悪感を抱かせたりする心理操作のことで、一九九五年に東京で地下鉄サリン事件を引き起こした「オウム真理教」の信徒に関する報道でもよく使われていました。

同じ意味で「マインド・コントロール」という言葉が使われることもあります。

産経新聞などの「思想戦」の論客は、南京虐殺や慰安婦問題などを含む「大日本帝国」に批判的な歴史認識は、中国や韓国、ＧＨＱ（敗戦後に日本へ進駐した連合国軍最高司令官総司令部、第四章で詳述）、そして日本の「左翼」と「左派メディア」による「洗脳」の結果であり、それを信じる日本人はそれらの「敵」によって「洗脳されている」のだと主張します。

例えば、ケント・ギルバートは前掲の『まだGHQの洗脳に縛られている日本人』の中で、戦後の日本人はGHQにずっと洗脳されてきたと書いています。

戦後占領期にGHQは、検閲等を通じて日本人に施した「ウォー・ギルト・インフォメーション・プログラム（WGIP）」というマインド・コントロールによって、日本人を徹底的に洗脳し、武士道や滅私奉公の精神、皇室への誇り、そして、それらに支えられた道徳心を徹底的に破壊することで、日本人の「精神の奴隷化」を図ろうと試みたのです。（略）戦後七十年になる現在も、日本人のマインド・コントロールはまだほとんど解けておらず、それが様々な分野に悪影響を与えています。（p.19）

ここで言及されている「ウォー・ギルト・インフォメーション・プログラム」については、第四章で改めて触れますが、ケント・ギルバートは『いよいよ歴史戦のカラクリを発信する日本人』でも、同様の主張を展開していました。

日本の戦後の思想状況を一言で表すと、「GHQが残した負の遺産を左翼が徹底的に利

用して、日本人を洗脳してきた」ということに尽きます。（略）
　こんなマスコミに七十一年間も毎日洗脳されつづければ、良心的な人が祖国を愛さず、左翼的になってしまうのは致し方ない話です。
（pp.21-23）

　この説明を読んで、あれ、おかしいな、と気付かれましたか？

　ここにも、受け手の思考を誘導するトリックが隠されています。

　戦後の日本人が、ＧＨＱや中国、韓国、左翼メディアなどによる「洗脳」で思考や歴史認識を支配されたという「ストーリー」を成立させるためには、そこでの「洗脳」の内容が、戦後の国際社会で広く事実と見なされている歴史認識とは「まったく異なっている」という前提条件が必要になります。

　もし、戦後の国際社会で広く事実と見なされている歴史認識と、ＧＨＱや中国、韓国、左翼メディアなどが行ったという「洗脳」の内容が同じなら、それは「洗脳」ではなく、ただ単に、事実を事実として理解しているだけだということになるからです。

　戦後の日本人は、情報鎖国の環境で暮らしてきたわけではありません。外国からの情報が幅広い分野で日本へと流れ込み、外国人との交流も盛んで、中には外国に留学したり、外国人と結婚したり、仕事で外国暮らしを経験した日本人もたくさんいます。

もし、戦後の日本人が、日本国内でしか通用しないような歪んだ思考や歴史認識で「洗脳」されたという「ストーリー」が本当なら、諸外国から流れ込む「別の歴史認識」との齟齬《そご》や矛盾に直面するはずです。自分が教えられてきた事実と、諸外国で「事実」と見なされている事柄が違うなら、どちらが正しいのだろう、と困惑し、混乱するはずです。

ところが、現実にはそのような事態は発生していません。南京虐殺や慰安婦問題が事実であり、日本軍の東南アジア諸地域への軍事侵攻は「侵略」だったという歴史認識は、日本国内だけでなく、諸外国においても同様に理解されています。それはつまり、南京虐殺や慰安婦問題を事実だと認める歴史認識は「洗脳」の結果ではなく、内外の歴史家やジャーナリストの研究成果に基づく、世界共通の認識であることを意味します。

むしろ、日本国内の一部でしか通用しない歴史認識を「事実」だと思い込んでいる人の方が、何らかの「洗脳」に思考を支配されている可能性が高いと言えます。

《なぜ「過去の反省」を屈辱や不名誉と理解するのか》

◆「そもそも『侵略』という言葉に明確な定義はない」というトリック

産経新聞などの「歴史戦」の言説を見ると、かつて自国を歴史上最悪の破滅的状況に追い込んだという重大さにもかかわらず、「大日本帝国」時代の日本軍の行動や戦争指導部の決定を、反省的に見るという視点がほとんど見当たりません。

産経新聞政治部編集委員の阿比留瑠比は、「正論」二〇一五年六月号に寄稿した「戦後70年「敗戦国」から脱却せよ」の中で、次のように書いていました。

　やはり、安倍晋三首相が第一次政権時代に掲げた「戦後レジームからの脱却」が必要である。これからの日本を背負う世代は、偽善と自己愛に満ちた内向きの反省と自虐の中に閉じ籠もることはやめ、国際社会で自国に自信と誇りを抱き、堂々と前を向いてほしい。

(p.173)

阿比留瑠比は、記事の冒頭で「『戦後』はいつまでたっても終わらず、日本はいつまでたっても内外で敗戦国、敵国の扱いに甘んじている。なんと非生産的で退嬰《たいえい》的な現状だろうか」

（p.172）と現状に不満を述べた上で、「今年は、日本が新しい時代を前向きに生きるための第一歩にしたい。そして、今度こそ本当に、高らかに『もはや戦後ではない』と内外に宣言しなければならない」（p.173）と提言しています。

そして彼の認識では、戦後の日本人は敗戦から七〇年間ずっと「偽善と自己愛に満ちた内向きの反省と自虐の中に閉じ籠も」る態度をとり続けており、「左派メディアも野党も相変わらず思考停止し、『過去』に拘泥している」と厳しく批判しています（p.173）。

これらの文章を読めば明白なように、阿比留瑠比は先の戦争での敗戦という結果を自国の「屈辱」や「不名誉」の元凶と捉える一方、結果的に自国に甚大な被害をもたらした「大日本帝国」の指導部の判断については、なぜか反省や批判的検証の観点をまったく示していません。そして彼は、「植民地支配」や「侵略」などの言葉を政治家やメディアが使うことについて、以下のように論じます。

植民地支配、侵略、お詫び……などの言葉にこだわり、それらを使えば使うほど日本は「戦後」にからめ取られ、戦勝国と敗戦国という枠組みは固定化されていく。日本にとって有害無益であり、戦勝国を偽装する中国や韓国を喜ばすばかりだ。（p.175）

阿比留瑠比はまた、「そもそも、『侵略』という言葉に明確な定義はない」（p.174）という論法を用いて、「大日本帝国」が先の戦争中に行った軍事侵攻を日本政府が「侵略」と認めるべきではないと主張しています。この論法は、「大日本帝国」の中国や東南アジア諸地域への軍事侵攻と占領地の拡大を擁護する文脈で、しばしば使われるものです。

しかし、ここにも、受け手の思考を誘導するトリックが隠されています。

もし彼の言うように、「侵略」という言葉に明確な定義がないのであれば、なぜ一般社会でこの言葉が幅広く使われているのでしょうか？

定義が不明な、つまりその言葉が何を意味するのかわからないような言葉は、一般社会ではほとんどの人が使いません。なぜなら、会話であれ文章であれ、言葉は書き手や話し手と受け手のコミュニケーションのために用いられるもので、定義の認識が共有されていない意味不明の記号のような言葉は、意思伝達のツールとして機能しえないからです。

実際には、侵略という言葉は「大日本帝国」の行動を指す文脈以外でも、幅広く使われており、受け手もその意味をおおむね正しく理解・認識しています。

実際、産経新聞社の「正論」も、特集タイトルや記事タイトルで「侵略」という言葉を何度も使用しています。以下に、いくつか実例を挙げてみます。

- 西尾幹二（評論家）「日本はどのように「侵略」されたのか」（二〇一三年五月号からスタートした連載記事のタイトル）
- 樋口恒晴（常磐大学教授）「戦後日本が受けた共産勢力の「侵略」」（二〇一四年六月号に掲載の記事タイトル）
- 「侵略国家・中国の牙を折れ！」（二〇一五年一月号の特集タイトル）

つまり、法律用語のような意味での「厳密な定義」は定まっていなくても、それが指し示す本質的な「意味」自体は、書き手や話し手と受け手の間で一応の了解が成立しているというのが、現在の日本社会における「侵略」という言葉を取り巻く状況です。もし、その言葉を使う側と受ける側で「侵略」という言葉の共通認識が成立していないなら、こうした言葉が雑誌の記事や特集のタイトルに使われることはないはずです。

また、日中戦争が勃発する前の一九三六年に、「大日本帝国による植民地支配から解放する」という大義名分を掲げて、ソ連軍が朝鮮半島に、あるいは中国国民党軍が台湾に、いきなり軍事侵攻していたら、当時の「大日本帝国」の政府や国民は、それを「侵略」と言い表していたと考えられます。そんなふうに使われるのが「侵略」という言葉です。

◆反省という態度を「自虐」という言葉に置き換えて否定するトリック

ケント・ギルバートも、二〇一六年二月に刊行された『やっと自虐史観のアホらしさに気づいた日本人』（ＰＨＰ研究所）で、次のように述べています。

> もう、自分の頭をポカポカ叩いて「私たちの国は悪いことをしたんだ！」などと言いつづけるのはやめましょう。人種差別意識に基づいた過酷な植民地支配を行い、植民地を奪い合って何百年も戦争を繰り返していたのは欧米諸国です。日本人が先の戦争に罪悪感を覚える必要など微塵《みじん》もありません。
> （pp.4-5）

この種の「歴史戦」の論客が展開する論によく見られる特徴のひとつは、過去の歴史について、特定の期間と特定の政治体制下で起きた事柄を個別に評価する代わりに、それを単純な「よい国」や「悪い国」などの、国全体の総合的評価に飛躍させる手法です。

この論法を使えば、日本人は日本人であるがゆえに、日本を「悪い国」だと結論づけるような過去の歴史的事実を認めるべきではない、という印象に誘導されます。しかし、冷静に考えればすぐ気付くように、これも受け手の思考を誘導するトリックです。

日本軍による南京虐殺を事実だと見なす「日本国」の国民は、誰一人として「自分の頭をポカポカ叩いて」などいません。そんなことをしても、何の意味もないからです。

かつて「大日本帝国」時代に日本軍が中国でとった行動を「すべきではなかった行動」として認識し、反省する行為は、成熟した大人の態度です。しかし、反省という行為が持つ意味や価値をよく理解できない子どもは、反省している友人の姿を見ても、それが将来の人間的成長の糧になるとは考えず、ただ「何かを我慢させられている」あるいは「理不尽な罰を与えられている」というふうにしか認識できません。

過去の反省という大人の態度を「自虐」という言葉に置き換えて、それがあたかも「不当な我慢」や「理不尽な罰」を自ら選び取る愚行であるかのように語る「歴史戦」の論客たちも、反省という行為が持つ意味や価値をよく理解できないのかもしれません。

ケント・ギルバートはまた、同書で次のようにも書いています。

七十年前のこの世界に日本人がいてくれなければ、東南アジアやインド、アフリカなど、世界の多くの人々は今日もまだ、欧米の植民地として奴隷のような扱いをされていた可能性が高いのです。戦争には負けましたが、あのとき誇り高き日本人がいてくれたからこそ、今日の人類は、過去の歴史上なかったほどの、人種間の平等と繁栄を享受しているのです。

(p.5)

こうした「大日本帝国」を擁護する歴史解釈の言説は、「歴史戦」の論客を含め、自分のアイデンティティーを「大日本帝国」と結び付けて考える人が好んで語るものです。

けれども、ここにも、近現代史に関する知識の隙間を利用して、受け手の思考を誘導するトリックが潜んでいます。

第二次世界大戦後の一九四〇年代後半から一九五〇年代にかけて、東南アジアや中近東などのイギリスやフランスの植民地が次々と独立を獲得しました。それに続いて、広大なアフリカ大陸でも、一九五〇年代から一九六〇年代に、イギリス、フランス、ベルギーなどの植民地であった場所が、次々と独立を獲得しました。

この事実を見て、あることに気付きませんか?

日本軍は、東南アジアの各地には侵攻しましたが、中近東やアフリカ大陸にはまったく侵攻していません。

にもかかわらず、中近東やアフリカの植民地は東南アジアの植民地と同様、第二次世界大戦後に独立を獲得できました。それは、なぜでしょうか？

最も大きな理由は、世界中に多くの植民地を有していたイギリスやフランスの国力が、主にヨーロッパでのナチス・ドイツとの戦争で大きく低下したことでした。イギリスは、東南アジアで日本軍とも戦いましたが、戦争努力の多くは対ドイツ戦に向けられており、イギリス本国の都市や工場に対して爆撃を行ったのもドイツ空軍の爆撃機でした。

また、植民地の保持という「帝国主義」の価値観が、第二次世界大戦という出来事を境に、国際社会で通用しなくなったことも重要な変化でした。世界には今も、南太平洋やカリブ海にイギリスやフランス統治下の島が存在していますが、一定数以上の国民が住んでいたアジアやアフリカの植民地は、ほとんどすべてが独立を獲得できました。

戦争中、日本軍の特務部隊は現地の独立運動家と連携して、イギリス植民地のインドやビルマ（現ミャンマー）、オランダ植民地のインドネシアで独立運動を支援し、ビルマとフィリピンでは一九四三年に形式的な独立を付与しました。その一方、英領マラヤ（現マレーシア）と同シンガポールでは、こうした独立運動は一切認められず、インドネシアでもそこで産出される石油を日本に運ぶ海上ルートが戦争末期に途絶えるまで、日本政府は独立を認めようとはしませんでした。

そして当然のことながら、戦後の独立運動（インドネシアでは独立戦争）を経て悲願の独立を勝ち取ったのは、それぞれの国で大きな犠牲を払った民衆でした。日本軍と協力した現地のリーダーが、独立実現で重要な役割を担った例もありました（ビルマのアウンサン、インドネシアのスカルノなど）が、主役はあくまで「彼ら」であり、日本軍が主役であったかのように捉えるのは、各国のリーダーと民衆に対して失礼な態度です。

このような事実関係を踏まえれば、「日本人がいなければ東南アジアやインド、アフリカは欧米の植民地から独立できなかった」という言い方で「大日本帝国」を擁護するケント・ギルバートの言葉は、実質的にはアジア人やアフリカ人を日本人よりも下に置いて見下す「大日本帝国」当時の価値観の延長線上にあることがわかります。

◆「過去の反省と謝罪」を「現代人の傲慢と尊大」と曲解する思考形態

一九九五年六月九日、第一三二回国会の衆議院で「歴史を教訓に平和への決意を新たにする決議案」が提出され、賛成多数で可決されました。

当時の内閣は、自由民主党と日本社会党、新党さきがけなどによる連立政権（いわゆる「自社さ連立」）で、内閣総理大臣は日本社会党の村山富市が務めていました。

この日に可決された決議の内容は、次のようなものでした。

本院［衆議院］は、戦後五十年にあたり、全世界の戦没者及び戦争等による犠牲者に対し、追悼の誠を捧げる。

また、世界の近代史上における数々の植民地支配や侵略的行為に思いをいたし、我が国が過去に行ったこうした行為や他国民とくにアジアの諸国民に与えた苦痛を認識し、深い反省の念を表明する。

我々は、過去の戦争についての歴史観の相違を超え、歴史の教訓を謙虚に学び、平和な国際社会を築いていかなければならない。

本院は、日本国憲法の掲げる恒久平和の理念の下、世界の国々と手を携えて、人類共生の未来を切り開く決意をここに表明する。

（第一三二回国会　衆議院会議録　第三五号）

さほど長くない文面ですが、そこには明白な「大日本帝国時代に自国が行った植民地支配や侵略的行為、アジア諸国民に与えた苦痛などへの反省」が謳《うた》われていました。

一九九三年七月一八日の第四〇回衆議院議員総選挙で国会議員に初当選した、一年生議員の安倍晋三（当時四〇歳）を含む約二六〇人の議員は、この決議案への反対を唱え、採決を欠席しました。

黄文雄は前掲書で、衆議院が戦後五〇年の節目に採決したこの決議を「謝罪決議」と呼び、「これを愚挙とみなすのは私だけではあるまい。採決に賛成した議員たちの手が汚いだけでなく、あらゆる面で『害毒』も『禍根』も数え切れないほど残したといえる」（p.54）という激しい表現で批判し、決議の意義を全否定する態度を示しました。

その理由について、彼は次のように書いています。

> 傲慢と尊大きわまりない愚行――先人に代わって「反省と謝罪」をする行為は、現代人の優越意識の表れであり、表現でもある。（p.57）

この説明を読んで、何かおかしいと思いませんか？

受け手の思考を誘導するトリックは、本書でもいくつか紹介してきましたが、ここに書かれている説明のおかしさは、小学校高学年くらいならば見抜けるはずです。

なぜ「反省と謝罪」を先人に代わって行うことが「傲慢」や「愚行」になるのか？

戦中の「大日本帝国」の後継国である現代の「日本国」政府が、戦中の日本軍が行った他国への侵略と植民地支配、捕虜と労務者の強制労働、女性に対する日本軍兵士への売春の事実上の強制、そして市民や捕虜の虐殺など、国策の一環として行われた行動について反省し、謝罪する行為は、自国が将来において同じような「国策の誤り」を繰り返さないという意思表示であり、謝罪相手の他国民だけでなく、将来の自国民のためにもなる行動です。

自分のアイデンティティーを「大日本帝国」と結び付けて考えず、戦後の「日本国」を生きる日本人であれば、そのような「反省と謝罪」は自然な行為だと理解します。

けれども、自分のアイデンティティーを「大日本帝国」と結び付けて考え、「大日本帝国」は間違ったことをしていないという「結論」から逆算して思考する人々の目には、そのような「反省と謝罪」は、傲慢や尊大という正反対の愚行として映ります。

黄文雄は、現代の「日本国」に生きる日本人が「先人に代わってそれを行うこと」が問題であるかのように書いていますが、では中国で市民や捕虜の虐殺に直接・間接に関わった日本軍人が、当事者としての「反省と謝罪」を手記などに書く行為を彼が評価しているかといえば、そのような形跡は見当たりません。

ケント・ギルバートも、戦後の日本人が「大日本帝国」時代の出来事についての反省や謝罪を行う行為を「マゾヒズム」と表現し、日本人ならば「大日本帝国」時代の先人に感謝すべきだと、論理的な脈絡のよくわからない結論へと一挙に話を飛躍させています。

> 自分が生まれた祖国や故郷、そしてご先祖様や先人のことを悪し様《あざま》に言って喜ぶのは、「マゾヒスト」とでも呼ばれるべき、みっともない姿勢だと思います。現在、自分が日本で享受している恵まれた環境は、先人たちの努力なしではあり得なかったものです。それを、過去の悪かった部分だけを切り出して、何十年経《た》っても文句を言いつづける。「あなた方に、感謝の気持ちはないのか」と言いたい。
>
> （『やっと自虐史観のアホらしさに気づいた日本人』p.20）

先祖や先人への感謝の念というのは、一般的な日本人が心に抱く素朴な感情のひとつですが、そうした感情を持つことは、自国が行った過去の一時期の非人道的行為を「なかったことにする」ことと同じではありません。

一般的な日本人は、感情に訴える情緒的な言葉に弱く、「ご先祖様への感謝」や「命を落とした先人への感謝」という表現を使われると、それが論理的に整合しているかどうかを考えるより先に、黙って手を合わせてしまう人も多いかもしれません。

けれども、少し落ち着いて、敗戦から現在にいたる戦後の「日本国」を冷静に振り返れば、戦後の日本人が謳歌《おうか》した自由や繁栄は「大日本帝国が戦争をしたから」もたらされたものでも「軍人が守ってくれたもの」でもなく、酷な表現にはなりますが「大日本帝国が戦争に完敗して、日本軍人が守ろうとした当時の価値観や思想体系が日本社会の表面から一掃されたから」得られたものであることがわかります。

うっかりすると勘違いしてしまいそうになる論理の詐術ですが、「大日本帝国」の軍人は、当時の天皇中心の国家体制を破壊して、日本を民主主義の国に作り替えるためにアメリカ兵やイギリス兵、中国兵と戦ったわけではありません。むしろ、その逆でした。

《権威主義の思考形態と「歴史戦」という方法論の親和性》

◆完成度の高い「権威主義国」だった「大日本帝国」

なぜ戦後の民主的な「日本国」で自由と繁栄を謳歌してきた日本人が、個人の自由も人権も大きく制約されていた「大日本帝国」に感情移入したり、憧憬を抱いたり、自分のアイデンティティーをそこに投影したりするのでしょうか。

戦前や戦中の「大日本帝国」と、戦後の「日本国」の違いを認識した上で、自分を戦後の「日本国」の国民だと思う日本人には、なかなか理解に苦しむ状況です。なぜなら、戦前や戦中の「大日本帝国」では、天皇という絶対的な存在と、天皇を中心とする国家体制の維持が最優先であり、国民の自由や権利、生活、そして最終的には「命」までもが、それを維持するためであれば犠牲にするのが当然だとされる社会だったからです。

戦後の日本社会では、政治的な価値観を言い表す用語として「右」と「左」という言葉が幅広く用いられてきました。「右」とは一般に、民族主義や国粋主義、王党派、宗教的な原理主義などを指し、「左」は共産主義の革命や社会主義による急進的な変革を目指す集団を指す言葉と理解されます。「右翼」対「左翼」や「右派」対「左派」など、多くの場合は単純な二項対立の図式で分類され、特定の政治問題についての賛否や考え方の違いを説明する用語として使われてきました。

例えば、今も「大日本帝国」に憧憬を抱き、当時の価値観を継承して自分を「臣民」と呼ぶ、長尾たかし議員のような人物は「右派」と分類されます。

けれども、近現代における世界の政治史を見ると、こうした単純な二項対立では説明できないような、非民主的な国に共通する類似性を見つけることができます。

その類似性とは、現状の国家指導部を「絶対的な権威」として社会を構成するピラミッドの頂点に置き、その国家指導部が持つ権威に国民や下部組織が下僕のように服従するという「権威主義」の構造です。

こうした権威主義の権力構造は、前記したような「右翼」対「左翼」や「右派」対「左派」などの分類法とは関係なく、「右」と「左」の両方に存在しています。具体的には、「右側」の全体主義（ファシズム）国や親米反共右派独裁国と、「左側」の共産党ないしそれに類する社会主義政党の一党独裁国は、どちらも「権威主義国」という同じグループに属します。

戦前と戦中の「大日本帝国」や「ナチス・ドイツ」も、このグループの典型と呼べる存在でした。筆者の認識では、近現代における「権威主義国」に共通する特徴として、以下のようなものが挙げられます。

【1】時の国家指導者の判断は常に正しいと見なす「国家指導者の権威化」
【2】時の国家指導者とそれが君臨する国家体制を「国」と同一視する認識
【3】時の国家指導者に批判的な国民を「国への反逆者」として弾圧する風潮
【4】国内の少数勢力や近隣の特定国を「国を脅かす敵」と見なす危機感の扇動
【5】その国家体制を守るために犠牲になることを「名誉」と定義する価値観
【6】伝統や神話、歴史を恣意的に編纂した「偉大な国家の物語」の共有
【7】司法・警察と大手メディア（新聞・放送）の国家指導者への無条件服従

戦前と戦中の「大日本帝国」の場合、国家体制は右の七項目の条件すべてを満たしていました。その程度は、明治・大正・昭和初期（一九四五年まで）で多少の変動はありましたが、一九三五年の「国体明徴運動」から一九四五年の敗戦までの一〇年間は、とりわけ「権威主義国」に共通する七項目が顕著な国でした。

産経新聞などが展開する「歴史戦」は、直接的には一九四五年の敗戦で失われた【6】の項目を再び取り戻そうという言論活動と見ることが可能ですが、そこで精力的に発言する論客の

言動を観察すれば、ほぼ例外なく、それ以外の六つの項目についても「誇りある国家」に必要な要素として肯定的に評価していることがわかります。

つまり、「歴史戦」とは、歴史問題についての言論活動であるのと同時に、戦前と戦中の「大日本帝国」と同様の「権威主義国」に、日本を再び戻そうという政治運動の重要な一側面、あるいは一戦線であると読み解くことができます。

◆エーリッヒ・フロムが『自由からの逃走』で読み解いた「権威主義国の魅力」

人間にとって、自由とは魅力的で必要なものだと一般的には信じられていますが、しかし過去の歴史を振り返れば、ある時代のある国に生きる国民が、せっかく獲得した自由を自らの意志で手放し、その代わりに、国民の自由を国家指導者が制約する「権威主義」の国家体制を選び取った事例も存在したことに気付きます。

その典型例が、一九三〇年代前半のドイツでした。

第一次世界大戦に敗北したドイツは、皇帝の地位が廃止されて帝国から共和国へと生まれ変わり、当時の世界で最も先進的と評された「ワイマール憲法」の下で、民主的な国家として歩み始めていました。しかし、戦勝国から課せられた莫大《ばくだい》な賠償金と、周辺国への領土の割譲、屈辱的な内容の軍備制限などにより、当時のドイツ国民の多くは自尊心の拠り所を見失った状態に置かれ、大恐慌に起因する経済状況の悪化がそうした心理面での不安をさらに増大させていました。

そんな時、彼らの前に現れたのが、アドルフ・ヒトラーを指導者とする国家社会主義ドイツ労働者党（通称ナチ党）でした。ナチス政権下のドイツは、過去のふたつの帝国（神聖ローマ帝国とドイツ帝国）を継承する「第三帝国」という異名が示すように、ヒトラー総統という国家指導者を絶対的な権威として称揚する権威主義国でしたが、国民の多くが彼の掲げる理念に共鳴して、頼りになる「強い指導者」が自分たちを正しい道へと導いてくれると信じました。

しかし実際には、ヒトラーが権力の座についてから六年後、ドイツは第二次世界大戦を引き起こし、さらにその六年後にはドイツ全土が焼け野原となって破滅的な敗戦を喫し、敗戦国ドイツは一九九〇年まで、東と西のふたつの国へと分割される結果となりました。

当時のドイツ人はなぜ、そんなヒトラーとナチ党を支持してしまったのか？

反ユダヤ主義のナチ党が政権を掌握した直後にドイツを離れ、スイス経由でアメリカに移住したユダヤ系ドイツ人の心理学者エーリッヒ・フロムは、一九四一年にアメリカで一冊の書物を著しました。『自由からの逃走』（日高六郎訳、東京創元社、初版一九五一年、新版一九六五年。以下の引用は新版より）と題されたその本は、ドイツ国民が「自由を保障してくれる」ワイマール憲法を捨てて「権威への服従を国民に求める」ヒトラーとナチ党を熱烈支持するにいたった経過を、心理学の観点から分析したものでした。

同書の冒頭で、エーリッヒ・フロムは民主主義の社会では手放しで礼賛されることが多い「自由」という概念が、実は万人にとって魅力的であるとは限らないこと、むしろ「自由に伴うマイナス面」から逃れたいという感情を抱く人が多いことを指摘します。

自由は近代人に独立と合理性とをあたえたが、一方個人を孤独におとしいれ、そのため個人を不安な無力なものにした。この孤独はたえがたいものである。かれは自由の重荷からのがれて新しい依存と従属を求めるか、あるいは人間の独自性と個性とにもとづいた積極的な自由の完全な実現に進むかの二者択一に迫られる。（p.4）

そして彼は、多くのドイツ人が、自由の副産物としての孤独や不安から逃れたいという心理に導かれて「自己の外部の、いっそう大きな、いっそう力強い全体［ナチ党を支持する集団］の部分となり、それに没入し、参加」（p.174）したと分析します。

ゆるぎなく強力で、永遠的で、魅惑的であるように感じられる力の部分となることによって、ひとはその力と栄光にあやかろうとする。（略）新しい安全と新しい誇りとを獲得する。（略）決断するということから解放される。すなわち自分の運命に最後的な責任をもつということから、どのような決定をなすべきかという疑惑から解放される。かれはまたかれの生活の意味がなんであり、かれがなにものであるかという疑惑からも解放される。

（p.174）

人は自由を捨てて強大な「権威」に服従し、それと一体化する道を自らの意志で選ぶことによって、その「権威」が持つ力や栄光、誇りを我がものにしたかのような高揚感に浸ることができ、また迷いや葛藤、自分の存在価値への疑問なども「権威」が取り払ってくれるので、自由とは異質な「解放感」を得ることができる。そんな心理面の「メリット」があるからこそ、人々は権威主義に惹《ひ》かれるのだと、彼は読み解いています。

◆「力」を礼賛し、無力な「弱者」に対しては攻撃的な「権威主義的性格」

エーリッヒ・フロムは、『自由からの逃走』の第五章で「権威主義的性格」という言葉を用いて、人々を自由から服従へと走らせる「権威」について、こう述べています。

かれは権威をたたえ、それに服従しようとする。しかし同時にかれはみずから権威であろうと願い、他のものを服従させたいと願っている。（略）権威とは、あるものが「もっている」資質ではない。権威は、あるものが他のものをかれよりも優越したものとして見上げる人間関係と連関している。（略）権威は同時に、ひとが部分的あるいは全面的に自己を同一化したいとのぞむ模範である。

(pp.182-183)

権威とは、人が部分的あるいは全面的に自己を同一化したいとのぞむ模範である。この言葉は、本書で繰り返し述べてきた「大日本帝国」と自分のアイデンティティーを同一化する人々の姿と重なります。

また、特定の「権威」が人々を惹きつける前提として、それが強い「力」を備えていることが必要であると、エーリッヒ・フロムは指摘しています。

［権威主義的性格の］注意すべきもっとも重要な特徴は、力にたいする態度である。権威主義的性格にとっては、すべての存在は二つにわかれる。力をもつものと、もたないものと。（略）力は、その力が守ろうとする価値のゆえにではなく、それが力であるという理由によって、かれを夢中にする。（略）無力な人間や制度は自動的にかれの軽蔑をよびおこす。無力な人間をみると、かれを攻撃し、支配し、絶滅したくなる。［権威主義的とは］ことなった性格のものは、無力なものを攻撃するという考えにぞっとするが、権威主義的人間は相手が無力になればなるほどいきりたってくる。（p.186）

エーリッヒ・フロムと同様、ナチの迫害を逃れてイギリス経由でアメリカに亡命したドイツの哲学者、社会学者テオドール・アドルノら四人の博士による研究書『権威主義的パーソナリティ』（田中義久、矢沢修次郎、小林修一共訳、青木書店、一九八〇年）でも、「ファシズムを受け入れやすい人間的資質」として「権威主義的なパーソナリティ（人格）」に着目し、その評価基準を次のように列挙しました（該当項目が多い人ほど権威主義的）。

【1】因襲主義
【2】権威主義的従属（内集団の理想化された道徳的権威への追従的、無批判的態度）
【3】権威主義的攻撃（慣習化した諸価値に違反する人びとを見つけ出し、これを非難し、排除し、処罰しようとする傾向）
【4】反内省的態度
【5】迷信とステレオタイプ
【6】権力と「剛直」（権力者への自己同一化）
【7】破壊性とシニシズム（人間的なものへの一般化された敵対と悪意）
【8】投射性（粗野で危険なものが世界に増大しつつあると信じこむ傾向）
【9】性（性的な「行為」への誇張された関心）

（pp.54-55）

同書は、右の九項目をさらに細分化した質問を多数の被験者に提示し、各人の回答内容を分析して、権威主義的な人格を持つ人の特徴を浮かび上がらせようとする試みでした。

また、同書ではアメリカにおける「権威主義的パーソナリティ」の特徴として「共産主義」

に対する誇張されたイメージを頭に抱いている点が挙げられています。

［ファシズム受容性の］高得点者の間でいまだに存在しているように思われる古い考えの唯一の特徴は、共産主義の「亡霊」ということである。その概念が何ら特定の具体的内容を持っていなければいないほど、それはあらゆる種類の敵対的投射にとっての道具となる。それらの多くは、続き漫画における悪役の存在を見いだささせるものなのだ。（p.429）

共産主義や共産党に対して、漠然とした「漫画の悪役のようなイメージ」を頭の中で膨らませ、その脅威を煽《あお》るというのは、「歴史戦」でも多く見られるパターンです。

実際の共産主義の思想内容や共産党の活動内容などの具体的な根拠に基づくものではなく、ただ漠然とした「共産主義者は思想を武器にして他国を攻撃あるいは侵略している」というイメージを、共通の権威主義的な価値観を持つ集団の中で膨らませ、その危機感を仲間内で共有しているうちに、いつしかそれが「現実」であるかのように錯覚するのです。

戦前と戦中の「大日本帝国」でも、そのような構図の言説が、政府と民間の両方で幅広く流布されていました（これについては第三章で詳しく触れます）。

《自分を独立した個人でなく「偉大な国家の一部」と考えることの魅力》

◆「大日本帝国」の権威主義的な教育の中核だった教育勅語

自分を権威主義の国家体制と一体化することに安心感と優越感、高揚感を覚える、権威主義的なパーソナリティーの人間は、一般的に民主主義が成熟した国では少数派ですが、権威主義が支配する国では、権威主義的な内容の教育によって、社会の多数派を形成しました。

一九四五年の敗戦までの「大日本帝国」の場合、権威主義を子どもに植え付ける教育で重要な役割を果たしていたのが、明治時代に取り入れられた「教育勅語」でした。

正式な名称を「教育に関する勅語」という教育勅語は、一八九〇年一〇月三〇日に、明治天皇が山県有朋《やまがたありとも》首相と芳川顕正《よしかわあきまさ》文部相に与えた勅語（天皇が直接国民に下賜するという形式で発せられる意思表示で、大日本帝国時代には絶対的な権威を持っていた）でした。

文面そのものは、三一五文字から成る比較的短いもので、「皇室の祖先が確立した国家や道徳、残された教訓を褒《ほ》め称《たた》え、その子孫（代々の天皇）と国民はそれらを共に守っていかなくてはならない」という、どちらかといえば「一般論」的な内容でした。

実際の文章を作成したのは、明治天皇ではなく、井上毅《こわし》（フランスへの留学経験を持つ内閣法制局長官）と元田永孚《もとだながざね》（天皇の側近である儒学者）が、政治色や宗教色を排しつつ文案を注意深く起草していったと言われています。

教育勅語の原文は、当時の文語体で道徳全般についての「教え」を説く内容でしたが、学校などの教育現場では、そこに記された「教え」の部分を「一二の徳目」という箇条書きのかたちにわかりやすく整理して、子どもに教えられていました。

皇室の先祖が築いた国で、国民が忠義と孝行を尽くした行いを褒める「教え」に続いて示された「一二の徳目」の内容は、例えば「父母に孝行する」「夫婦は仲良く」「友人同士では互いに信じ合う」など、一般の人々が読んでもすぐ理解できるものでした。その中に、戦前戦中の日本人の思想を強く方向づける、次のような「教え」がありました。


「一旦緩急あれば義勇公に奉じ以《もっ》て天壌無窮の皇運を扶翼すべし」

現在の言葉に訳すと「もし何か緊急事態が起きれば、国民は忠義と勇気をもって公のために奉仕し、その行いによって、永遠に続く皇室の運命を助け支えるようにせよ」という意味になります。つまり、一人一人の国民は独立した価値を持つ存在ではなく、あくまで天皇と「天皇中心の国家体制」に奉仕するために生きる存在だという教義でした。

明治天皇から「下賜」された一八九〇年から、太平洋戦争の敗北（一九四五年）までの五五年間にわたり、教育勅語は「大日本帝国」の教育における事実上の中核でした。

発布から四年後の一八九四年に日清戦争が勃発すると、国内の教育関係者は、教育勅語の教え、特に「一旦緩急あれば……」の文言を強調した言説で戦意を鼓舞し、国民の間には自国の国家体制への奉仕と献身を賛美する「国家主義」の思想が広がりました。

玉砕（不利になっても退却せずに戦って全滅すること）や特攻（船や飛行機で敵の軍艦に体当たりして自分も死ぬ戦法）など、昭和の戦争における日本軍の人命軽視の思想も、教育勅語の「一旦緩急あれば……」という教えの延長線上にあるものでした。

一九四五年に日本が敗戦したあと、戦後の日本政府は「大日本帝国」の価値観や精神文化、とりわけ「死生観（生と死についての考え方）」を継承しないという明確な意思表示として、一九四八年六月一九日に衆議院と参議院でそれぞれ「教育勅語の排除」と「教育勅語の失効の確認」を決議しました。このふたつの決議に共通しているのは、「大日本帝国」時代の教育勅語で述べられている教育理念は、基本的人権の尊重や、民主主義的な教育理念など、戦後の「日本国」の憲法と教育基本法の内容にまったく反するものだという認識でした。

こうして、「大日本帝国」の権威主義的な教育内容の中核だった教育勅語は、学校などの教育現場で教材として用いることが厳しく禁じられるようになりました。

◆曽野綾子による産経新聞紙上での「教育勅語」擁護論

二〇一七年三月二六日付の「産経新聞」朝刊は、作家の曽野綾子による「教育勅語　全否定でいいか」と題したコラム記事を掲載しました。タイトルが示す通り、その内容は教育勅語の否定論への批判であり、次のような論法で教育勅語を擁護していました。

［教育］勅語を危険視する人たちは、口語文に訳せば、「父母に孝行し、兄弟仲良くし、夫婦は仲むつまじく、友達とは互いに信じあい、他人に博愛の手を差し伸べ…」というような部分は故意にか欠落させている。これらのことは、いつの時代でも皆が言いたかったことだろうが、日教組教育ではとうてい実現しなかったのである。

そして曽野綾子は「軍国主義時代の行き過ぎは、訂正すべきだろうが、その結果、教育勅語の持つまっとうさまで、従来のように棄《す》てられていいものではない」として、実質的に教育勅語の教育現場への復権を肯定する結論を読者に提示しています。

ここにも、受け手の思考を誘導するトリックが隠されています。

曽野綾子が指摘している「父母に孝行し、兄弟仲良くし、夫婦は仲むつまじく、友達とは互いに信じあい、他人に博愛の手を差し伸べ…」という教えは、過去の日本で世に出た教科書や教育出版物の中で「教育勅語にしか書かれていないもの」でしょうか?

むろん、そんなことはありません。親孝行や兄弟愛、夫婦愛、博愛などは、教育勅語が作成された「大日本帝国」時代より前の日本にも存在していましたし、一九四五年の敗戦で「大日本帝国」が崩壊したあとの「日本国」でも、教育勅語の助けを一切借りることなく、社会の基本的な価値観として教えられてきました。

そこに書かれているのと同じ内容が、教育勅語の前にも、後にも、学校教育できちんと教えられているのであれば、わざわざ教育勅語を復活させる必要はありません。

そして、教育勅語を学校教育で使うことを否定する考え方は、言うまでもないことですが「親孝行や兄弟愛、夫婦愛、博愛などを否定すること」を意味しません。

自分のアイデンティティーを「大日本帝国」と結び付け、「大日本帝国」は間違ったことをしていないという「結論」から逆算する思考では、当然の帰結として「大日本帝国」時代の教育理念の大きな柱であった教育勅語も、同様に「間違っていない」という結論にならざるを得ません。教育勅語の教材としての問題点を認めることは、「大日本帝国」の問題点を認めることになってしまうからです。

それゆえ、「大日本帝国は間違っていないという結論」から逆算するかたちで、そこに書かれている文章の一部のみを切り取って「良いことも書いてある」と過剰な光を当て、教育勅語の正当化を試みる論法がしばしば使われます。

けれども、それが論理的に見て無意味な主張であることは、先に指摘した通りです。

◆権威主義的性格の日本人にとって完璧な「パッケージ」である「大日本帝国」

エーリッヒ・フロムらが指摘した「権威主義的性格」という概念を、「歴史戦」の論客やその内容を支持する人々の思考形態と行動原理に当てはめてみると、彼らがなぜ戦後の自由な「日本国」を生きてきたにもかかわらず、精神的に不自由な「大日本帝国」と自分のアイデンティティーを同一化するのか、彼らにとって「大日本帝国」の何が魅力なのかが、おぼろげに浮かび上がってきます。

不安や孤独を伴う「自由」よりも、高揚感や充実感を味わえる「権威への服従」の方が好きだという人にとっては、戦後の「日本国」は権威に伴う「強さ」に欠けるという点で魅力に乏しく、服従ではなく軽蔑と攻撃の対象となります。

一九四七年五月三日に施行された日本国憲法も、国民主権、基本的人権の尊重、平和主義という三つの原則が示す通り、権威主義とはかけ離れた民主主義的な価値観を持つ内容であり、天皇の絶対的権威が「象徴」という漠然としたかたちへと薄められたこともあって、権威主義的性格の人には、欠点だらけの「失敗作」にしか見えないでしょう。

それとは対照的に、建国神話に始まる気宇壮大な「物語」によって権威化された「大日本帝国」は、権威主義的性格の日本人にとって、他に比べられるものが見当たらないほど理想的で魅力的な、あるいは完璧な、従属と自己同一化の対象でした。

端的に言えば、権威主義的性格の日本人にとって、「大日本帝国」は今なお、自分の求める要素をすべて高い次元で備えている「権威のパッケージ」であり続けています。日本の長い歴史を見渡しても、「大日本帝国」ほど権威主義的性格の日本人の精神的ニーズを満たしてくれる「権威のパッケージ」は他に存在しません。

彼らにとっての教育勅語は、単に「良いことが書かれている教材」ではなく、絶対的な権威者としての明治天皇が下々の臣民に下賜した「絶対的教義」であり、存在自体が権威の一端でした。それゆえ、教育勅語に書かれた「良いこと」を抜き出して別の名前で教材化したのでは意味がありません。教育勅語が帯びる権威そのものに意味があるからです。

また、権威主義国の特徴のひとつである、時の国家指導者や国家体制を「国」そのものと同一視し、それに反抗する者を「国家の敵」と見なすという思考形態について、エーリッヒ・フロムはドイツでも見られた現象であったことを、前掲書で指摘しています。

ヒットラーが権力を握ってからは、（略）大多数のものがナチ政府にたいして忠誠を捧げるにいたった。幾百万のひとびとにとって、ヒットラーの政府は「ドイツ」と同一のものとなった。ひとたびヒットラーが政府の権力を握った以上、かれに戦いを挑むことはドイツ人の共同体からみずからを閉めだすことを意味した。他の諸政党が廃止され、ナチ党がドイツそのもので「ある」とき、ナチ党にたいする反対はドイツにたいする反対を意味した。より大きな集団と合一していないという感情ほど、一般の人間にとって堪えがたいものはないであろう。

（pp.232-233）

時の国家指導者や国家体制を「国」そのものであるかのように国民に同一視させ、それへの絶対的忠誠や献身、犠牲を「自発的に」行わせる図式は、一九三〇年代から一九四五年までのドイツだけでなく、同時期の「大日本帝国」でもまったく同じでした。そのような図式においては、一人一人の国民は独立した存在価値を持たず、時の国家指導者や国家体制を守るという「関係性」においてのみ、価値を認められる存在でした。

そして、当時の「大日本帝国」でも、そうした権威主義国特有の関係性に多くの日本人が適応し、優越感や高揚感などのポジティブな感情を心に抱いていたことが、さまざまな記録に留められています。『自由からの逃走』の記述は、さらにこう続きます。

ナチズムの諸原理にたいしてどんなに反対していようとも、もしかれが孤独であることと、ドイツに属しているという感情をもつことと、どちらか選ばなければならないとすれば、多くのひとびとは後者を選ぶであろう。ナチズムにたいする攻撃はドイツにたいする攻撃であると感ずるので、ナチでない人間でさえも、外国人の批判にたいしては、なおナチズムを擁護するというようなばあいが多くみられる。（p.233）

最後の文章を「歴史戦」の文脈に置き換えると、以下のようになります。

「大日本帝国」に対する攻撃は「日本」に対する攻撃であると感じるので、「大日本帝国」の自覚的な支持者でない日本人でさえも、中国や韓国の批判に対しては、なお「大日本帝国」を擁護するというような場合が多く見られる。

このように、産経新聞などが展開する「歴史戦」の言説を読み解くと、その土台部分にある思考パターンが、一九三〇年代のナチス・ドイツや「大日本帝国」当時と共通していることに気付きます。そして、これはただの「偶然の一致」ではありません。

本書の「はじめに」で少しだけ触れたように、現代の「歴史戦」とさまざまな面で重なる言論活動のキャンペーンが、戦中の「大日本帝国」でも行われていたのです。

それが、政府の内閣情報部が中心となって国の内外で展開した「思想戦」でした。

次の章では、その具体的な内容について、詳しく見ていくことにします。

第三章　太平洋戦争期に日本政府が内外で展開した「思想戦」

《大日本帝国の行う戦争の「非軍事面」における戦線》

◆第一次世界大戦後の日本軍人が着目した「総力戦」と「思想戦」

本書の「はじめに」でも触れた通り、大日本帝国の軍部が「思想戦」という概念に着目し始めたのは、第一次世界大戦が終了した後の一九二〇年代でした。

一九一四年から一九一八年にかけて、ヨーロッパを主戦場とし、アフリカや中東、アジアの一部でも戦われた第一次世界大戦は、ドイツ帝国とオーストリア＝ハンガリー帝国、オスマン帝国（トルコ）の三つの帝国が敗戦国となって王朝が廃され、イギリス、フランス、アメリカなどの「連合国」が戦勝国となるかたちで終結しました（ロシアでも革命で王朝が倒されて、史上初の社会主義／共産主義国「ソヴィエト連邦」が成立）。

この戦争には、当時イギリスと同盟関係にあった大日本帝国も米英仏の側で参戦し、中国のドイツ植民地（山東半島の青島とそれに隣接する内陸部の膠州湾《こうしゅうわん》租借地）を攻略したり、地中海に軍艦を派遣するなどの功績で、対ドイツ戦の戦勝に貢献しました。

その一方で、当時の大日本帝国軍人は、第一次世界大戦が戦争の様相を一変させた事実を重視し、とりわけ「強大なドイツ帝国がなぜ敗れたか」についての分析と研究に力を注いでいました。新たな時代の戦争で勝敗を左右する要素として彼らが着目したのは、軍事力だけでなく工業生産力や資源の確保、国土の広さ、科学技術力、対外宣伝力、軍人と市民の精神力などで、これらが総合的に戦争の行方を決するというのが「総力戦」の概念でした。

そして、この概念を構成する一分野として重視されたのが、戦争遂行に寄与する軍人や市民の精神力の維持と、対外宣伝の両方を含む「思想戦」だったのです。

一九三四年二月に陸軍省軍事調査部が作成した『思想戦』という小冊子は、こうした第一次世界大戦における「思想戦」について、次のように総括しました。

世界大戦において、各国のとった思想戦の手段は、いわゆる宣伝と称するものであって、その方法は、新聞その他の言論機関の利用、ビラの撒布《さつぷ》、電報の利用、ポスター、活動写真の利用、その他情報の発表、人と人との接触による対話、演説、示威運動など、まことに広汎であるが、これを大別して、敵国に対する宣伝、中立国に対する宣伝、自国民に対する宣伝の三つに分けることができる。

一　敵国に対する宣伝は、敵国軍の志気を阻喪し、これを潰乱に陥れ、または敵軍の指揮を攪乱《かくらん》し、その作戦を誤らしむるなど、直接敵軍に対するものと、進んで敵国民の意気を挫《くじ》き、その戦争意思を崩壊し、敵国組織を混乱破壊し、これを革命に導くなど、敵国民に対するものとの二つがあった。

二　中立国に対する宣伝は、敵国に対して悪感情を起こさしめ、自国に対して好感を持たしめ、成し得れば、中立国を味方として戦争の渦中に引き入れ、然《しか》らざるも我に有利なる好意的中立国たらしむるごとく実施せられた。

三　自国民に対する宣伝は、敵国に対して義憤を感ぜしめ、戦争意思を強調し、勝利に対する確信を強からしめ、もって挙国一致の戦争を遂行貫徹するを主なる目的として実施した。

(pp.6-7)

◆共産主義、自由主義、民主主義の国内への浸透を恐れた「大日本帝国」

一九四五年五月にドイツが第二次世界大戦で降伏した時、ドイツの国土には東からソ連軍が、西から米英連合軍が深く入り込んでおり、首都ベルリンもすでにソ連軍によって占領されていました。しかし、一九一八年一一月にドイツが第一次世界大戦で休戦に応じた時、前線はほとんどドイツ帝国領に達しておらず、傍目《はため》にはドイツはまだ抵抗を続けられたのでは、と思われました。

けれども、実際にはドイツ軍がそれ以上戦争を継続することは困難でした。なぜなら、前線から離れたドイツ国内では、総力戦体制がすでに限界へと達しており、とりわけ食糧や生活物資の欠乏が深刻化していたからでした。

また、東方の大国ロシアで燃え上がった社会主義革命の炎は、ドイツ国内の低所得者層にも波及し始めており、一九一八年一一月にドイツ北部の軍港キールで発生した水兵の暴動（無謀な出撃命令への反抗）は、ドイツ革命の導火線になりうる事件として、ドイツ帝国の指導層から危険視されていました。

後者の「革命思想」の流入は、戦勝国となった大日本帝国にとっても他人事《ひとごと》ではない、重大な懸案事項のひとつでした。

当時の大日本帝国は、天皇を中心とする「国体（国家体制や国の在り方、国柄などを表す概念）」の護持を絶対的な至上命令としていましたが、農民や労働者などが革命を起こして君主制を倒し、民衆が政治の実権を握るという「革命思想」は、戦争の最中だけでなく、平和な時代にも、国内にじわじわと流入するものだったからです。

もうひとつ、当時の大日本帝国の軍部が懸念したのは、イギリスやアメリカなどが共有する「自由主義」や「民主主義」の思想が、第一次世界大戦の後、さらに深く日本国内へと浸透してくることとでした。市民の権利向上を目指すデモクラシーの思想は、大正時代の日本でも人々の関心を集めていましたが、天皇という絶対的な権威の前では「民」が「主」だという表現は使えず、代わりに「民本主義」という言葉が充てられていました。

しかし、陸軍省軍事調査部の『思想戦』は、「大戦後日本に対する列強の思想戦」として、次のような問題認識を記していました。

世界大戦においてドイツを覆した列強の力は、洋の東西から急速に日本に指向せられてきた。世界の最大マーケット極東大陸を檜舞台《ひのきぶたい》として、太平洋時代に活躍するため極東の墻壁《しょうへき》［障壁］たる日本は、まず列強から槍玉《やりだま》に挙げられるの運命に陥った。

世界大戦末期より大戦後にかけて、英国はルーター電報をもってさかんにデモクラシー思想を全世界に頒布した。この思想は急速にアメリカを経由し、たちまちの中《うち》に洋の東西から日本に侵入し、その宣伝は力強く日本の学界、言論界に影響して、日本の有名な学者たちはこの思想攻撃の前に躍らせられ、（略）世にいう文化運動なるものが台頭した。

デモクラシー、サボタージュ、普選［普通選挙］論など、いわゆる文化の名においてめまぐるしく日本の言論界、思想界を縦横に蹂躙《じゅうりん》し、純真なる国家主義、真の平和主義、これに立脚する国防、軍備などは相次いでこれら似而非《えせ》なる文化――デモクラシー思想――の名の下にたじたじと追いつめられてしまった。日本は明確に思想戦上の敗者となるかの観を呈してきた。

(pp.11-12)

◆「中国の反日的態度はアメリカとイギリスの対日包囲攻勢」と解釈した日本軍

この後に起きたのが、本書の「はじめに」でも少し触れた「海軍軍縮条約」でした。太平洋やその他の海域での際限のない軍拡競争を避けるため、各国の保有する海軍力や海軍の根拠地の要塞化などに一定の枠をはめる、という海軍の軍縮条約は、一九二二年の「ワシントン条約」と一九三〇年の「ロンドン条約」のふたつが調印されました。しかし、日本側にとって不利な条件での条約締結と、それに続いて国内で行われた陸軍の兵力縮小を、米英両国が日本に対して展開した「思想戦」の結果だと理解する陸軍省軍事調査部の『思想戦』は、この経緯について、以下のように書いています。

　この日本に対する［デモクラシー思想を浸透させる］思想戦工作がその最大の効果を発揮して、日本の上下はほとんど骨抜きとなったように見えた時、英米は敏《さと》くもこの効果を利用して政略攻撃の手を向けてきた。かくして、ワシントン条約、ロンドン条約における海軍比率の惨敗を見るに至り、また日本自体の手によって、陸軍軍備の大整理を実施するのやむなきに立ち至った。（p.12）

　ここに書かれている「陸軍軍備の大整理」とは、第一次世界大戦後の一九二二年と一九二三年に実施された「山梨軍縮」および、一九二五年に行われた「宇垣軍縮」のことで、それぞれ当時陸軍大臣だった山梨半造と宇垣一成《かずしげ》は、対外的な緊張関係の解消や関東大震災（一九二三年）の復興予算捻出などの理由から、陸軍内部の反対論を押し切って軍縮、つまり兵力規模の縮小を断行しました。

そして、陸軍省軍事調査部の『思想戦』は、こうした日本政府の米英両国への弱腰が、中国における「反日」の気運を引き起こしたがために、日本軍は「正当な権益を守るための防衛戦」として満洲事変（一九三一年）を引き起こさざるを得なかったのだ、という方向へと、論理を展開します。

日本の両腕――陸海軍武力――を削り落とした列強は、多年その伝統したところの極東政策を続けてきたので、その結果支那〔中国〕を駆りて日本に対して、排日〔日本の影響力の排斥〕の気勢を挙げさせた。あるいは二十一か条の破棄要求、旅大〔日露戦争後に日本が清国から租借権を得た遼東半島の旅順と大連〕回収の叫びとなり、または日貨〔日本製品〕排斥の猛運動となり、政略的にも経済的にも、支那は明確に日本に対し敵対行動をとり始めた。
その極まるところ、遂に両国武力の衝突となり、満洲事変の勃発を見るに至ったのである。満洲事変は、実に列国の指向せる対日包囲攻勢の手先で躍った支那軍閥に対し、日本のやむなく起《た》てる防衛戦であるといわねばならぬ。（p.13）

この最後の文章が示す通り、陸軍省軍事調査部の『思想戦』は、満洲事変の原因となった

「支那軍閥の反日的態度」について、列国、つまりイギリスとアメリカが裏で糸を引いて展開する「対日包囲攻勢」の一環であると見なしていました。

右のような認識は、一九三七年の盧溝橋《ろこうきょう》事件を発端とする日中戦争で、イギリスとアメリカが中国の蔣介石《しょうかいせき》政権（国民党）を支援したことで、より一層強固なものとなります。実際には、イギリスとアメリカが蔣介石を支援したのは、中国市場を日本に独占されることを避けるためでしたが、日本側は「蔣介石の裏で糸を引いている」と解釈しました。

そして、日中戦争の長期化で、日本と米英両国の対立関係が深刻化し、遂には一九四一年十二月の対米英宣戦布告、すなわち太平洋戦争（当時の日本側呼称は大東亜戦争）の勃発へと発展していくことになります。

《首相官邸で開かれた内閣情報部主催の「思想戦講習会」》

◆日中戦争の勃発で一般論から「実戦」へと格上げされた「思想戦」

一九三七年七月七日、中国の北平（現在の北京）郊外で盧溝橋事件と呼ばれる小規模な銃撃戦が発生し、これをきっかけに日中両国は段階的に全面戦争へと突入していきました。

これに伴い、日本国内での「思想戦」の認識も、新たな次元へと進展しました。それまでは、あくまで一般論のようなかたちで語られてきた「思想戦」の意義や方法論が、中国との戦争という「実戦」でその真価を問われることになったのです。

こうした状況の中、日本政府の内閣情報部は、盧溝橋事件から七か月後、中国の首都南京の陥落から二か月後の一九三八年二月一九日、「思想戦講習会」と題した非公開勉強会の第一回を開催しました。

これは、官僚や軍人などの中堅幹部を首相官邸に集め、中国との戦争遂行で重要な役割を担うと考えられた「思想戦」の理解と認識を深めて、それを実践的に運用できる人材を増やすことで、大日本帝国の「思想戦」態勢を強化しようという公務の一環でした。

内閣情報部とは、一九三七年九月二五日に、それまでの「情報委員会」から改組された内閣総理大臣管理下の直轄組織で、国策遂行に関連する各省庁の情報部門の調整や、関連情報の独自蒐集《しゅうしゅう》、内外の報道や宣伝活動の連絡調整などを職務としていました（内閣情報部「週報」第五〇号、一九三七年九月二九日）。

初代の内閣情報部長となった横溝光暉《みつてる》は、内務官僚として内閣官房に入った人物で、第一回の「思想戦講習会」冒頭では、自ら「国家と情報宣伝」と題した講演を行いました。表紙に「秘」と記された当時の速記録によれば、彼は次のように説明しました。

俗に宣伝戦と申しまするものは、思想戦の技術的な部門に過ぎませぬ。しかしながら、それが極めて大きな部門でありまするがゆえに、ややもすれば思想戦すなわち宣伝戦であるかのごとくに考えられるようになったのであります。

（内閣情報部『思想戦講習会講義速記』第一輯、p.4）

横溝光暉は、「思想戦」の本義について考える前段として、概念が混同されがちな「思想戦」と「宣伝戦」の関係を明確化し、総合的な概念である「思想戦」が「主」で、後者の「宣伝戦」はそれを構成する複数の要素のひとつ（技術的な部門）、つまり「従」であることを示しています。

先に述べた「総力戦」の概念も含めて述べれば、「総力戦」の一要素として「思想戦」があり、その一要素として「宣伝戦」があるという図式になります。軍事の世界では、戦略・作戦・戦術という階層的な分類がありますが、これに当てはめるなら、「総力戦」は戦略、「思想戦」は作戦、「宣伝戦」は戦術だという言い方もできるかもしれません。

そして横溝光暉は、「宣伝戦」を行う上で注意すべきことは、あくまで「真相をあるがままに」「歪曲や虚飾なく」伝えることであると強調しました。

情報といい報道といい、いずれも歪曲することなく虚飾することなく、あるがままの真相でなければならないのであります。しからば宣伝となるとどうかと申しますと、従来宣伝という言葉はあまり芳しい感じを与えておらない。ややもすれば事を針小棒大に吹聴《ふいちょう》する、あるいは白を黒と言いくるめるというような、相手方をごまかすという観念あるいは一種の誇大または欺瞞というような観念に結びつけまして、何となく悪い意味のように考えられているのであります。　(p.2)

◆思想戦の武器は「紙の弾丸、声の弾丸、光の弾丸」

横溝光暉は、日中戦争で中国側が日本および第三国に対して行っている「宣伝戦」は、このような誇大や欺瞞に属するものだとして、本来の「宣伝戦」とは区別すべきだと説きました。

しかし「宣伝」ということはそれ自体、決して少しも邪道的なものではないのでありまして、邪道的なのは実は「宣伝」にあらずして、「不正なる宣伝」。「歪曲せられたる宣伝」であると申すべきであります。今回の事変［日中戦争］におきまして、支那のなしたるいわゆる「宣伝」は、すなわちこれであります。（p.3）

自分たちが行う宣伝は「あるがままの真相」であり、敵国が行う宣伝は「不正や歪曲」であるという主張は、古今東西、あらゆる戦争当事国が行うものですが、こうした正邪を対比させる図式もまた、自国民に向けた「思想戦」として有効な方策です。

そして、国際社会における「思想戦」では、日本人がその特性ゆえに「宣伝戦」で消極的になっていると指摘し、今後は積極的に「宣伝戦」を展開して、日本側の言い分や日本側が事実と認める情報を「声を大にして言うべきだ」と提言しました。

日本人はとかく自分の行動が正義でやましくなければ、自ら言わなくとも自然にわかっておると思っておりますが、自ら大いに言わざれば、誰も周りの人は代わって言うてはくれないのであります。国際的にはっきりした認識をさせるのでなければ、自分で正義だ正義だと言っておっても、それは独りよがりに堕してしまうのでありまして、ここに思想戦の大きな技術的の部門として宣伝ということの必然性を痛感せざるを得ないのであります。

(pp.8-9)

内閣情報部の職務は、先に触れた通り、各省庁の情報部門の活動や宣伝活動の連絡調整がメインで、ナチス・ドイツの「宣伝省」のように、主体的に宣伝を行う組織ではありませんでした。しかし、内閣情報部長の横溝光暉から見れば、日中戦争で日本側が行う「宣伝戦」の内容は、量的にも質的にもきわめて不十分であったようで、彼は一九四〇年二月二三日から六日間にわたって内閣情報部主催で開かれた第三回「思想戦講習会」でも「思想戦概論」と題した講演を行い、「思想戦」の重要な攻撃手段としての「宣伝戦」の意義を、以下のように説明しました(引用は内閣情報部『思想戦講座』第七輯より)。

宣伝は本来的意義における思想戦においても、現実的意義における思想戦においても、最も有力なる攻撃手段である。前者においてその思想の大衆への浸透を図るのは、何としても宣伝の力である。(略)

武力戦において肉体を攻める鉄の爆弾弾丸と同じように、思想戦においては心を攻める紙の弾丸、声の弾丸、光の弾丸など種々なものがある。かかる宣伝という作用を営む手段となるものを名付けて宣伝媒体といいます。（p.22）

心を攻める紙の弾丸、声の弾丸、光の弾丸などの表現は、内閣情報部長の横溝光暉が、きわめてアグレッシブに、宣伝という行為を捉えていたことを物語っています。彼は、そのような「宣伝の弾丸」が日本国内や第三国に向けて発せられる状況に対しては、「デマ宣伝でその内容の信憑するに足らざる事実を調査すること」（p.25）や「刑事法令によって取り締まりを厳にし、あるいは教育教化の力によってこれが侵犯を防ぐ」こと（p.26）、「その国固有の国民精神の昂揚に努める」こと（同）などが必要であると説きました。

◆「政府の強制をまたず、新聞は自発的に思想戦を行う」

話を一九三八年二月の「思想戦講習会」に戻すと、第一回の講習会は一九三八年二月一九日から二五日で、横溝光暉を含めて計二二人が講演を行いました。横溝光暉が戦後の一九八四年に上梓した回想録『戦前の首相官邸』（経済往来社）によれば、各回の受講者は約一〇〇人で、中堅の文武高等官（官僚や軍人など）が首相官邸の大ホールに参集しました。

この講習会は、一九三九年二月二〇日から二五日の第二回と、一九四〇年二月一九日から二四日までの第三回へと継続され、それぞれ八人と一二人が講演しました。

政府機関の役人や軍部の情報担当官に加えて、民間の「有識者」も講師として呼ばれ、それぞれの専門分野から「思想戦」の意義や戦術についての講演を行いました。それらの民間人には、内閣情報部の「参与」という地位が与えられましたが、前掲の内閣情報部「週報」第五〇号によれば、その趣旨は次のようなものでした。

官制改正の第三の主なる点は、新たに参与という制度を設けたことである。これは国家の情報、報道、啓発宣伝といったような仕事は、何も官庁の役人ばかりによって行われるべきものでなく、広く民間の人たち、すなわち国家国民全体によって行われる時、はじめてその全き［完全］を期し得るという趣旨の下に、これらの仕事に関し特に学識経験の深い人たち十人を限って一般民間の中より選んで参与とし、内閣情報部の職務に与《あずか》らしめることになったのである。

（pp.35-36）

内閣情報部の「参与」として登用されたのは、「新聞通信、雑誌、放送、演劇、映画その他広く情報、報道、啓発宣伝のことに造詣の深く、その方面を代表するような人々」でした。「週報」によれば「参与は勅任官の待遇を与えられ、任期は二年」となっていましたが、一九三八年二月の「思想戦講習会」第一回では、新聞業界の緒方竹虎（東京朝日新聞主筆）と映画および演劇業界の小林一三（宝塚歌劇団の創設者で実業家）、出版業界の増田義一（実業之日本社社長などを歴任）が「参与」として講演を行いました。

このうち、緒方竹虎は「思想戦と新聞」と題した講演で、次のような認識を披露していました（引用は内閣情報部『思想戦講習会講義速記』第四輯より）。

> 今回の日支事変［日中戦争］は、たびたび政府から声明せられましたように、支那と提携をする目的の下に、支那の抗日排日の思想を絶滅するのが目的である。そういう目的の戦争を、日本は現に国を挙げてやっておる際でありますので、新聞と致しましてもその国策の線に沿いまして、戦争の目的を遂行する上に全力を挙げて協力を致しておるような次第でございまして、その意味におきまして、今日新聞はいわゆる思想戦に従事しておるということが申し得ると思うのであります。
>
> （p.25）

東京朝日新聞は、かつては軍部と対立する関係にありましたが、一九三一年の満洲事変以降は徐々に軍部批判を弱め、一九三七年七月の日中戦争勃発後は、当時の近衛《このえ》内閣が指導する戦争遂行に全面協力する報道姿勢をとっていました。新聞が「戦争の目的を遂行する上に全力を挙げて協力」しているという緒方竹虎の言葉は、そんな自社の報道姿勢を政府関係者と軍人の前で誇らしげに認めるものだったと言えます。

七月七日の深夜に盧溝橋事件が勃発したあと、近衛首相は七月一一日の夜に、首相官邸に政界・財界・メディア業界の主要幹部を集めて懇談会を開き、中国との戦争に協力してほしいと要請しました。各界の出席者はこれを了承して「挙国一致体制」が作られましたが、この懇談会に東京朝日新聞の代表として参加していたのが、緒方竹虎でした。

彼は、新聞の「思想戦」への貢献について、新聞社あるいは新聞人自身が主体性を持って「自発的に」行うべきであるとする考えを、この講演の中でも述べていました。

事変と共に国がいわゆる戦時体制をとりますと、新聞もまた戦時体制の中に入って、いわゆる国策の線に沿うてあらゆる犠牲を忍び、できるだけの協力を政府に向かって払っておりますることは、皆さんご覧下さっておる通りであります。これは別に、政府の強制をまって然るのではなく、新聞自体が自発的に（傍点引用者）、きわめて闊達《かったつ》な気持ちで活動をいたしておるのでありまして、この形におきまする思想戦は、事変の終わりまするまで、事変が終わりましても、どこまでも遂行していかなければならぬものであると考えております。

（pp.42-43）

《「日本の敵」としてクローズアップされた組織「コミンテルン」》

◆「コミンテルン＝共産主義インターナショナル」とは何か

日中戦争の激化とともに、日本国内では「思想戦」の意義がより重視されるようになりましたが、そこで「日本の敵」として大きくクローズアップされたのが、「コミンテルン」と呼ばれる組織でした。

コミンテルン（英語表記はComintern）とは、「共産主義インターナショナル（Communist International）」の略称で、ロシア十月革命から二年後の一九一九年に、共産主義革命の運動を世界中に波及させる目的で設立された政治運動組織です。当時、共産主義国はソ連（正式名称はソヴィエト社会主義共和国連邦）ただ一国しかなく、コミンテルンの本部はソ連の首都であるモスクワに置かれました。

コミンテルンには、世界各国の共産党や社会主義革命を目指す政党の代表が参加し、共産主義の政治思想を広める上での戦術方針を協議したり、政治理論の統一を図るなどの活動を行っていました。しかし実際には、組織内部での路線対立がしばしば発生しており、コミンテルンは統一的な意志決定に従う一枚岩の組織ではありませんでした。

また、ソ連の最高指導者スターリンは、自国の諜報員（スパイ）や秘密工作員を、偽名でコミンテルンに所属させ、諸外国での活動の隠《かく》れ蓑《みの》として利用していました。

一九三七年八月一五日に日本政府の情報委員会（内閣情報部の前身）が部外秘の資料として作成した「国防と思想戦（時局宣伝資料）」は、「平時における日本をめぐる列強の思想戦」と題した項目で、ソ連とコミンテルンが世界規模で展開している「思想戦」について、次のような解説を行い、注意と警戒をうながしていました。

現代世界において思想戦に最も力を注ぎ、平時より積極的にこれを実施しつつあるのは、周知のごとく「ソ」連邦である。「ソ」連邦はマルクス・レーニンの思想を建国精神とし、共産主義の実行、世界革命の遂行を国是とし、尨大《ぼうだい》なる軍備を背景とし、周密なる思想的攻勢をもって世界に挑戦している。（略）

また対外的には国民を外国の一切の宣伝より遮断し、外国に向かってはタス通信をもって情報宣伝を一途に統制し、各国通信員の通信に対しても極度の制限を加えている。かくして「ソ」連邦は、国内には全体としての生活窮乏と徹底せる弾圧強制のため、国民の不安を招来しつつあるが、外に向かってはその国是たる世界共産革命を実現せんとする企図を捨てず、外国よりの非難攻撃を避けるため、政府は直接表面に立たず、「コミンテルン」をして宣伝謀略に当たらしめている。

(pp.9-10)

この説明にあるように、一九三〇年代のコミンテルンは、ソ連の最高指導者スターリンの意向を色濃く反映し、ソ連政府が直接的な責任を負うことを避けつつ、世界各国に対して「思想戦」を行うための出先機関のような役割を担っていました。

しかし日本国内では、一九二五年に制定された「治安維持法」で国内の共産主義者や社会主義者が厳しく弾圧され、一九二二年に創設されてコミンテルンに加盟していた日本共産党も、一九三五年には実質的に壊滅状態にありました。

◆ファシズム対「反ファシズム」という「敵味方の境界線」の引き直し

情報委員会の「国防と思想戦」は、日本に対する共産主義思想の流入を「思想戦」の文脈で捉えた上で、以下のように警鐘を鳴らしていました。

コミンテルンは、その宣伝謀略網を世界各国に設け、大戦後の世界的経済不況とこれに起因する思想の混乱に乗じ、各国内部に対し猛烈な活動を開始した。我が国においては、大正十年［一九二一年］前後より「ソ」連邦の思想攻勢に伴う赤化共産主義運動の台頭となり、（略）執拗なるコミンテルンは毫《ごう》もその思想攻勢を断念中止することなく、依然として陰険な方法をもって運動を継続しつつあるのである。（pp.10-11）

そして、一九三五年に行われた第七回コミンテルン大会において、コミンテルンは重要な路線変更を行ったことを宣言します。その路線変更とは、本来共産主義思想とは相容れないはずの、自由主義を標榜《ひょうぼう》する資本主義国とも連携し、共通の敵あるいは脅威として存在感を強めつつある「ファッショ」と戦う、というものでした。

ファッショとは、全体主義、いわゆるファシズム勢力のことで、イタリアとドイツ、そして大日本帝国を指していました。

情報委員会の「国防と思想戦」は、この路線転換について、次のように解説します。


しかして「ソ」連邦は従来諸外国に対して採《と》った思想戦工作が、世界産業界の一応の安定と民族主義の世界的台頭のために一頓挫を来すや、その戦略に大変更を加うるに至った。すなわち一昨年の第七回コミンテルン大会において発表せられたごとく、従来むしろコミンテルンと対立していた自由主義、社会民主主義系の者と積極的に握手して、「反ファッショ」または「反戦争」の名の下に大同団結していわゆる「人民戦線」の結成に努力するに至った。

(pp.11-12)


アルド・アゴスティ『コミンテルン史』(石堂清倫訳、現代史研究所、一九八七年)によれば、コミンテルンの第七回大会は、一九三五年七月二五日から八月二〇日までモスクワで開催され、ブルガリア共産党のゲオルギ・ディミトロフが「社会民主党系、カトリック系、その他の政治的潮流の労働者が、より直接に、ファシズム独裁に反対して、共産主義者とともに共同で闘争する必要」を理解して「真の反ファシズム人民戦線を展開する」必要性を提唱しました(p.818)。

つまり、コミンテルンは「敵と味方を区別する境界線」を引き直すことで、共産主義勢力にとって当面の最大の脅威である日独伊三国の「ファシズム」と、それに対抗する「反ファシズム」という単純な対決へと、対外宣伝の構図を再定義したのでした。

◆中国人が日本に刃向かうのは「背後でコミンテルンが糸を引いているから」

一九三八年二月の「思想戦講習会」で「日本精神と思想戦」という講演を行った、内閣情報部嘱託で大東文化学院教授の藤澤親雄も、中国国民党政府の日本に対する敵対感情の背景には、コミンテルンの策謀があるとの見立てを披露しました。

満洲国が建設せられ、東洋平和確立の大業が実現の途についたにも拘《かかわ》らず、支那国民党政府は、我が天業経綸《けいりん》〔天皇が国を治め整える事業〕の真義を解せず、日本の平和的発展を喜ばざるソ連、英などの手先となり、排日教育を施し抗日戦線を結成せんとするに至ったのであります。この形勢に乗じ、ソ連コミンテルンは第七回世界大会において、我が国体を模範として自国を完美［完全で美しく］せんと欲しておるドイツ、イタリー等を打倒するがために、いわゆる国際的人民戦線を結成し、強烈なる思想戦を西においてはドイツ、イタリー等に、東においては日本に対して、激しく展開してきたのであります。

（内閣情報部『思想戦講習会講義速記』第一輯、pp.56-57）

実際には、中国の民衆が当時の大日本帝国に対して抱いた悪感情の背景には、第一次世界大戦後に日本が大陸で進めた段階的な権益獲得や、親日的な地方自治政府（冀東防共《きとうぼうきょう》自治政府など）の黙認下で行われる中国への日本製品の密輸、同じく親日的な地方自治政府の黙認下でのアヘンをはじめとする麻薬の密売など、中国側から見てアンフェアな日本側の行動への不満や憤りが存在していました。

これらの行動を正当化するために、日本側は合意や協定など、さまざまな「大義名分」を掲げましたが、中国人の視点が完全に欠落した、一方的な日本側の主観的視点で語られる説明ばかりで、中国の市民を納得させることは不可能でした。しかし、当時の日本における主流であった論調と同様、藤澤親雄も中国人が日本に刃向かうのは「背後でコミンテルンが糸を引いているからだ」という思い込みに囚《とら》われていました。

東洋におきましては、コミンテルンの策動は支那において実を結んだのであります。すなわち中国共産党は次第に国民政府に接近し、南京をして遂に連ソ容共［共産党に寛容な］抗日の国策を樹立せしめました。かくて支那において抗日人民戦線が結成せられました。このコミンテルンの攻勢に対応して日独両国は相接近し、一九三六年十一月二十五日に防共協定を結んだのであります。（pp.57-58）

そして藤澤親雄は、大日本帝国とナチス・ドイツおよびファシスト党のイタリアとの提携を「実に八紘一宇《はっこういちう》の世界政策の具体的地盤であり、国際大調和の宇宙生命、すなわち御鏡の徳を発揮せねばならない」と絶賛し、「我が国は友邦独伊の世界観たるファッショとナチスとが、自由主義、社会主義よりもさらに深く、さらに道義的なる精神原理であることを認識しなければならない」（pp.58-59）と述べた上で、ドイツやイタリアの政治体制である「ファッショ」に対する批判を「コミンテルンを利する行為だ」として戒めました。

コミンテルンの宣伝にかかり、ファッショを暴力呼ばわりするがごときは、大いに慎まねばならぬのであります。ソ連こそは暴力的独裁主義なのである。今や日独伊の民族生命発展主義、御鏡の宇宙原理に随順しつつ、自由主義の英米仏および権力主義のソ連とに対して思想戦を行う立場にあるのであります。（p.59）

《東京日本橋の高島屋百貨店で開かれた一般国民向けの「思想戦展覧会」》

◆「コミンテルンの日本侵蝕《しんしょく》」を大きな脅威と見なした日本の警察

このようなコミンテルンの「思想戦」に対する警戒感や危機感は、すでに日本国内での警察の取り締まりにも色濃く反映していました。

一九三八年二月の第一回「思想戦講習会」では、国内の防諜（スパイ対策）や治安維持を担う憲兵や警官、内務省幹部らが、異口同音に「コミンテルンの脅威」を重大視し、コミンテルンに同調あるいは呼応している疑いのある人間を見つけ次第、断固たる弾圧と取り締まりを行うべきだとする講演を行っていました。

陸軍憲兵大尉の白濱宏は「スパイ戦の現状と防諜」、内閣情報部委員で内務省警保局長の富田健治は「思想戦と警察」、同じく内閣情報部委員で内務省保安課長の清水重夫は「人民戦線に就《っ》いて」、司法省刑事局第五課長の平野利は「思想犯罪の現状」、東京保護観察所長の平田勲は「マルキシズムの克服」と題した講演を行いましたが、これらすべてにおいて、日本の官民が最大限の注意と警戒を払うべきは「ソ連とその手先であるコミンテルンによる日本への思想的侵略」であるとする趣旨が貫かれていました。

例えば、富田健治は自らの講演で以下のように説明しました（引用は内閣情報部『思想戦講習会講義速記』第三輯より）。

> ソ連の思想戦における参謀本部はコミンテルン国際共産党でありまして、日本をはじめ各国の共産党はその支部として国際的有機的連絡をもちまして世界各国にその魔手を伸ばしてきておったのであります。
> (p.117)

魔手を伸ばす、という表現が示す通り、富田健治はコミンテルンを経由して行われるソ連の「思想戦」を、治安維持における重大な脅威と認識していましたが、彼はコミンテルンの思想的戦術がますます巧妙化している事実を次のように指摘しました。

　最近のスローガンを見ますと、ことに日支事変後のスローガンを見ますと、あるいは出征家族については小作料の減免をせよ、あるいは出征遺家族の遺族扶助料を増額しろ、あるいは平和の樹立、あるいは帝国主義戦争反対、平和の樹立《ママ》ということを申しております。それから最近の事変少し前から申しておりますスローガンとしましては、人権の擁護というようなことも申しております。

　これらはいずれも、そのスローガンだけをとって見ますと必ずしも今までの考えで我々が見ます共産主義的なスローガンと思えないのであります。一般の改良主義的な団体はもちろんのこと、既成政党の標語と申しますか主張にも合っている。ほとんど同一語もあるような傾きもあるのであります。いかに彼らが今までの観念的な考究と申しますか、マルクス主義の公式論的なスローガンを廃しまして極めて合法的、常識的な、穏健な方法でこの反ファッショの人民戦線を統一しようという方針の下に活動しておるかが分かるのであります。こういう状況に相成っておるのであります。

（pp.124-125）

◆際限なく拡大されていく「コミンテルンを利する者」の解釈

実際には、弱者救済や戦争反対、平和樹立、人権尊重などの主張をする者が必ずしも共産主義の思想に共鳴しているわけでなく、それぞれの価値観は共産主義から切り離したかたちで独立して存在するものです。

しかし、富田健治をはじめとする当時の日本の内務官僚や司法官僚は、一九三五年のコミンテルン第七回大会で「共産党が自由主義、社会民主主義系の者と結託する方針をとった」という事実を際限なく拡大解釈して、あたかも弱者救済や戦争反対、平和樹立、人権尊重などの主張をする者が全員「コミンテルンを利する者」、つまり「日本の敵」であるかのように見なす、硬直した観念に思考を支配されるようになっていました。

内務省保安課長の清水重夫も、「人民戦線に就いて」と題した講演で、同様の趣旨を次のように述べていました。

　人民戦線運動は、差し当たりファッショ反対とか、戦争反対とか、平和擁護とか、また増税反対、物価騰貴反対などの一般大衆が容易に賛成するようなスローガンを掲げて、大衆を組成統一して、これらの反対運動を通じて、大衆を共産主義的に指導訓練して、漸次これら大衆を共産主義運動に動員しようとするものでありますから、その危険性は、一般大衆が不知不識の間［知らず知らずのうち］に、共産主義者のために利用され、もしくは獲得・動員せらるることであります。

(p.154)

政府職員、とりわけ国内の治安維持を管轄する内務官僚から見れば、政府の方針や国策におとなしく従わずに反対の意思表示をする国民は、社会の平穏や秩序を乱すおそれのある目障りな存在でした。とはいえ、正当な理由もなくそうした国民を取り締まることは、当時の警察であっても許されない行動でした。

ところが、先に挙げた「一九三五年のコミンテルン第七回大会」の内容を恣意的に解釈して、共産主義者の「同調者」に含める範囲を広げれば、戦争反対や人権尊重を叫ぶ国民を「治安維持」の名目で取り締まることも容易になります。日中戦争が泥沼化する中、日本で反戦運動が盛り上がらなかった理由の一端が、ここから読み取れます。

そして、日本の警察はこうした拡大解釈に基づいて、一九三六年一二月から一九三八年二月にかけて、コミンテルンに通じる「人民戦線」の同調者という疑いをかけた学者や社会運動家らの一斉検挙を行います。特に一九三七年一二月一五日と一九三八年二月一日の検挙は、第一次と第二次の「人民戦線事件」と呼ばれます。

かような状況でありましたので、昭和十一年〔一九三六年〕十二月以降これら共産主義者の全国的一斉検挙を断行し、新聞記事を差し止めて爾来《じらい》取り調べを行ってきておるのでありますが、その関係府県は二十三府県にわたり、検挙人員は一千名以上の多きに達するのであります。（略）

支那事変を中心とする国内左翼分子の動向でありますが、事変発生以来左翼分子にして反戦策動をなし、あるいは反戦反軍のビラを貼付し、あるいは反戦落書をなしたるものは、本年〔一九三八年〕一月末現在にて百八十二件、その関係者約二百三十名に達するのであります。

(p.149)

一九三七年七月に始まった日中戦争は、日本側の予想に反して長期化し、収拾の失敗が一九四一年一二月の対米英開戦となって太平洋戦争（当時の日本側呼称では大東亜戦争）へと拡大発展したのち、一九四五年八月の破滅的な敗北へといたります。

この戦争の末期、敗戦がほぼ確実となった後も、日本政府が連合国の降伏要求（ポツダム宣言）の受諾を躊躇《ちゅうちょ》した大きな理由は、降伏後も「国体」を護持できるかどうか不明だというものでした。

こうした経過を踏まえて振り返るなら、日中戦争に反対するという行為は、国体に反する行為ではなく、むしろ逆に「日本の国体」を守る効果を含んでいたものだと言えます。なぜなら、日中戦争を中国との話し合いで終わらせることに成功していたなら、史実のようなかたちでの太平洋戦争の勃発は回避されていた可能性が高いと考えられるからです。

むしろ、反戦思想や平和主義の主張を取り締まり、反戦の落書をする者を検挙した当時の警察の方が、結果として戦争の拡大を助長し、最終的に「日本の国体」を破滅の瀬戸際に追い込む政府の誤った国策をアシストしていたことになります。

しかし、当時の大日本帝国では、そんな悲惨な展開が自分たちを待っていると予測できた人間は、ごくわずかしかいませんでした。

◆日本橋高島屋で開催された内閣情報部主催の「思想戦展覧会」

内閣情報部の「思想戦講習会」は、あくまで軍人と政府関係者を対象とした内密の勉強会でしたが、政府はこうした「思想戦を指導できる人材の育成」と並行して、一般国民に向けた

「思想戦」の啓発活動も展開していました。

そのひとつが、日本各地のデパートで催された「思想戦展覧会」というイベントです。日中戦争勃発から五か月が経過した一九三七年一二月、内閣情報部は「時局の重大性に鑑み、思想戦の重要性を一般国民に認識させるため」、東京の日本橋高島屋で「思想戦」をテーマにした展覧会を開催するとの企画を立て、一二月三一日に第一回の実行小委員会を開きました。内閣情報部の主催で開かれるこの展覧会には、陸海軍と各省庁も全面的に協力して展示物の提供を行い、一九三八年二月九日に「武器なき戦い、世界に渦巻く思想戦展覧会」というタイトルで開幕しました。

開幕前日の二月八日夜、内閣情報部長の横溝光暉による、展覧会の趣旨を宣伝する説明がラジオで放送されましたが、彼はその締めくくりで次のように訴えました（引用は一九三八年一二月に非売品として制作された、内閣情報部『思想戦展覧会記録図鑑』より）。


今や支那事変は新しい段階に入りました。これから思想戦は一層大切になって参ります。思想戦における宣伝の威力は、ますます発揚されなければなりません。しかも国民の一人一人は日々の思想戦の戦士であります。それはどうすることかと申しますと、国民の各自がそれぞれの仕事の中で、正義日本の真意を、躍進日本の真の姿を海外に知らせることもできますし、日本精神の発揚に貢献することもできるのであります。

それは平素の心構え、ちょっとした工夫でできるはずであります。私は今後、挙国一致して長期戦に対処するために、武力戦の戦場に立たぬ国民各自も思想戦の戦士として御活動を願いたいと存ずるものであります。

(pp.3-4)


日本橋高島屋八階のメイン会場では、まず入り口の右側に「日本精神の表徴」として日本の国体を改めて説明する展示があり、入り口を入ると「思想戦とは何か」という解説と、世界史における「宣伝思想（プロパガンダ）の発達」を概観する展示が壁に掲げられていました。

その先には、日本とドイツ、イタリアの各国における宣伝を担当する政府機関の解説、第一次世界大戦における「思想宣伝戦」の役割、日本国内での共産主義者や無政府主義者の宣伝と取り締まりの展示などが順路に沿って並んでいましたが、内閣情報部が会場で特に力を注いでいたのが、日中戦争で交戦中の中国と、日本政府がその背後にいると認識していたコミンテルンに関する展示でした。

中国に関する展示では、「支那の抗日資料」として雑誌やビラ、ポスター、漫画、教科書などを大量に並べた上で、そこに描かれた「抗日［反日］的な内容」を丁寧に解説していました。この説明でも、中国人が日本を敵視するのは「日本を敵と教え込む歪んだ排日教育」のせいだという解釈がなされ、この展示を見た日本人が、中国人に対する敵意や猜疑心《さいぎしん》を自然と心に植え付けられるという「宣伝効果」が生み出されていました。

コミンテルンに関する展示では、主にソ連の政治宣伝ポスターや、コミンテルンと各国共産党の関係を図解した組織図、中国共産党とその軍事部門である中国国民革命軍第八路軍の活動についての説明、共産主義思想を宣伝する日本語や中国語の雑誌やビラなどが、通路に沿ったケース内に並べられていました。

会場の後半部分では、日本がそれらの脅威といかにして戦っているかを、使用する宣伝機器とともに具体的に解説し、防諜への注意喚起や、当時文部省の主導で進められていた対中戦争への国民の協力をうながす思想的キャンペーン「国民精神総動員運動」への積極的な参加を求めるポスターなどが貼り出され、会場の出口付近では「思想戦」に関連する書籍やレコードの販売コーナーが設けられていました。

日本橋高島屋での「思想戦展覧会」は、政府が事前に幅広く宣伝した効果もあって、連日大盛況となり、政府の公式記録では、当初の予定より一日延長した二月二七日までの一九日間で延べ一三三万人が来場しました。一日平均に直すと、七万人になります。

国策としての「思想戦」を日本国民に理解させ、当事者として参加させることを企図した「思想戦展覧会」は、東京での会期が終了したあと、以下のように日本全国を巡回しました。

大阪南海高島屋（三月八日～一六日）、京都丸物百貨店（三月二九日～四月七日）、福岡玉屋百貨店（四月九日～一九日）、佐世保市玉屋百貨店（四月二三日～五月一日）、佐賀市玉屋百貨店（五月一二日～二二日）、熊本市千徳百貨店（六月三日～一二日）、大分市トキハ百貨店（六月一九日～二八日）、札幌市今井百貨店（八月五日～二〇日）で催されたあと、一〇月一五日から二四日には朝鮮半島の京城（現ソウル）にある三越京城支店でも朝鮮総督府の主催で開かれ、佐世保では延べ二五万人、ソウルでは延べ二七万人の来場者が、内閣情報部の用意した「思想戦展覧会」を目にしました。

そして大日本帝国はこのあと、軍官民が一体となった「挙国一致体制」をますます強固なものとし、中国だけでなく、イギリスとアメリカをも相手とする巨大な「総力戦」へと勇ましく邁進《まいしん》していくことになります。

第四章　「思想戦」から「歴史戦」へとつながる一本の道

《かつて日本が行った戦争はすべて「自衛戦争」「防衛戦争」だという論理》

◆「大日本帝国は間違ったことはしていない」という大原則への固執

戦中の「思想戦」と、現代の「歴史戦」には、さまざまな面で、思考形態や論理展開の共通点が見られます。

その中でも、特に重要な共通点は、「大日本帝国は間違ったことはしていない」という結論に固執するあまり、過去の歴史における自国の非を認めることを「戦いにおける日本の敗北」と見なして忌避する、硬直した思考形態です。

一九三八年二月の内閣情報部主催「思想戦講習会」において、内閣情報部委員で外務省情報部第三課長の矢野征記は「支那事変と国際情勢」と題した講演を行いましたが、彼はこの中で、日本が過去に行った対外戦争はすべて「日本の防衛のため」であったとする認識を披露しました。以下、内閣情報部『思想戦講習会講義速記』第一輯より、該当箇所を少し引用します。

> 日本は過去において幾多の外戦［対外戦争］をしておるが、それが果たして侵略的であったかどうか？　決してそうではなかった。これらの外戦は、一に皆日本の防衛のために出て行っただけに過ぎないのでありまして、進んで他の国を侵略しようという考えから出て行ったのではないのであります。（pp.79-80）

この文言が示すように、日本が過去に行った対外戦争はすべて日本の防衛のためだったという矢野征記の主張は、日本側がどのような「考え」でそれを行ったのかという「主観」を根拠にしています。

けれども、侵略するつもりはなかった、日本を防衛するつもりだった、等の主観的な説明は、日本の侵略を受けたと理解している相手国や、日本はあの国を侵略したと理解している第三国から見れば、自国の非を認めずに居直る不誠実な態度でしかありません。

矢野征記の説明によると、「神功《じんぐう》皇后の三韓征伐（三世紀の新羅《しらぎ》征伐）」は、九州の熊襲《くまそ》（南部の抵抗勢力）を背後で操る朝鮮半島の新羅を倒して「この策動を根絶しなければ到底日本の統一は保たれない」ので「やむを得ず新羅を討った」という、日本の防衛のための戦争だったことになります（p.80）。

また、矢野征記は豊臣秀吉の朝鮮出兵（一六世紀の文禄《ぶんろく》・慶長の役）についても、「神功皇后以来三韓は日本の属国なりしに中道にして支那に奪われていたのを、我が国の存立上やむを得ずして大明国の手より奪い返し属国に引き戻さんとした」、つまり日本の防衛のための戦争だったという山鹿素行《やまが》（江戸時代前期の儒学者）の解釈を援用し、これが「兵を弄んだものであるという謗《そし》り」は「支那の歴史家が書いたもの」、つまり「現在でいえば、支那の宣伝に乗ったというわけです」（p.80）とまとめています。

さらに、明治期に大日本帝国が行った日清戦争（一九世紀末）も日露戦争（二〇世紀初頭）も「我が生存を脅威するところ」の「圧力を排除せんがために出て行った」、つまり日本の防衛のための戦争であり、一九三一年の満洲事変も「［満洲の］東北政権が日本の権益を排除し、かつ日本の生存にまで脅威を及ぼそうとしたことから起こったところの、やはりこれも防御戦争に過ぎないのでありまして、決して満洲を併呑《へいどん》して云々《うんぬん》という、外国人が言うがごとき考えから出て行ったのではない」（p.81）と説明しています。

◆「日本外交の基調は平和に終始している」という「思想戦」の認識

ものは言いよう、という言葉がありますが、ある国が他国に攻め込むかたちで行った過去の戦争は、それを「どちらの側から見るか」によって意味や解釈が変わります。

そして、自国が他国に攻め込んだ行為を正当化する理由についても、それをする側は常に「他国を侵略する」のではなく、自衛や正当防衛としてやむを得ず武力を行使したのだという大義名分あるいは「言い訳」を用意します。

けれども、そんな自己中心的な「言い訳」は、自国内では通用しても、攻め込まれた側の相手国や第三国には通用しないのが常です。「思想戦」が「宣伝戦」であるなら、相手国や第三国の人々をも納得させられる普遍的な論理を立てて、威圧や強迫で従わせるのではなく、自発的に納得させる必要がありますが、矢野征記の主張に代表される「日本側の言い分を一方的に主張する宣伝戦」では、そんな効果を生み出せるはずがありません。

矢野征記は、前年の盧溝橋事件を発端として始まった日中戦争についても、「現在の日支事変もやはり同様」（p.81）で、「日支衝突の根本原因となったのは、支那の抗日運動」（p.82）、つまり悪いのは全部中国側であると説明しています。
そして、過去に日本が行った対外戦争を次のような論理で総括し、正当化しました。

要するに日本が外に兵を動かした場合には、帝国の生命の安危〔安全か危険かという問題〕に多大の脅威を与えるところの外圧を防ぐために常に出て行ったということが私は言えると思うのであります。従って日本外交の基調は平和に終始しているというべきであります。（p.82）

実際には、大日本帝国が日清戦争を始めた理由は「朝鮮半島が清国の手に渡ったら日本の安全が脅かされるため」で、日露戦争を始めた理由は「満洲と朝鮮半島がロシアの手に渡ったら日本の安全が脅かされるため」という、日本中心の論理でした。しかし、日本人がついうっかり納得してしまいがちなこの説明は、朝鮮半島や満洲に住む人々の暮らしや要望を、まったく視野に入れていないことに注意する必要があります。
つまり、大日本帝国が重視したのは、朝鮮半島や満洲の「土地」とその「支配権」だけで、そこに住む人々の暮らしや要望などは、考慮する必要がないものでした。こうした日本中心の思考に基づく論法が、朝鮮半島や満洲に住む人々の目にどう映るかは、想像することがさほど難しいものではありません。

けれども、過去の歴史認識を「日本対外国の戦いの戦場」と捉え、「日本は過去に間違ったことはしていない」という結論を思考の出発点にしてしまうと、そんな想像力を働かせることすら「日本に対する裏切り行為」ということになってしまいます。

そして、戦中の言葉で言うなら「非国民」、現在の言葉では「反日」などの乱暴な言葉を浴びせられれば、相手側の立場で物事を考えるという発想が失われます。

そうなってしまうと、いくら「思想戦」や「宣伝戦」を展開しても、相手国や第三国の支持を得ることができなくなります。先の戦争における「思想戦」や「宣伝戦」で、当時の大日本帝国が、中国やアメリカ、イギリスなどと比較して劣勢だった、つまり相手国や第三国の支持と理解を得ることができなかった大きな理由のひとつは、こうした独り善がりの思考形態や視野の狭さにあったものと考えられます。

◆盧溝橋事件も真珠湾攻撃も「日本ははめられた」という責任逃れ

先の戦争での「思想戦」や「宣伝戦」における大日本帝国の失敗、つまり独り善がりの思考形態や視野の狭さは、現在の「歴史戦」にも継承されています。

具体的に言えば、現在の「歴史戦」が前提とする過去の日本の対外戦争の認識も、矢野征記が一九三八年二月の「思想戦講習会」で披露した「悪いのはすべて敵国であり、日本には戦争の責任はない」という内容を、ほぼそのまま踏襲するものです。

例えば、ケント・ギルバートは以下のような「ストーリー」を披露しています。


ルーズベルト〔米大統領〕政権がいかにして蔣介石の中国国民党に接近し、武器弾薬を与え、日本との戦争に彼らを駆り立てたのかということは、『まだGHQの洗脳に縛られている日本人』（PHP研究所）に詳しく書きましたので省略しますが、コミンテルンの指導によって行われたルーズベルト政権とアメリカ共産党の共同謀議により、日本はついに一九四一年十二月八日、ハワイの真珠湾と英領マレー、そしてフィリピンのクラーク基地などへの攻撃を実施し、あの大戦争へと突入していったのです。

（『いよいよ歴史戦のカラクリを発信する日本人』pp.28-29）


この説明を読んで、あれ、おかしいな、と気付かれませんか？

日本は、コミンテルンの指導下でのルーズベルト政権とアメリカ共産党の共同謀議により、戦争を始めた――？

当時の「大日本帝国」政府は、ルーズベルト政権とアメリカ共産党の「共同謀議」におとなしく従う立場だったのでしょうか？

歴史研究についての知識がない人、歴史研究の本をふだん読まない人は、こうした主観的かつ独断的な「決めつけ」を信じてしまうかもしれませんが、戦後七〇年の間に内外の歴史家が積み重ねてきた実証的研究は、当時の日本政府がどのような段階を踏んで、敗北の可能性が高いと指摘（首相直轄機関の「総力戦研究所」が一九四一年八月に当時の近衛首相や東条陸相に秘密裏に報告した内容）されていたアメリカとの戦争を決断したかという経過を、さまざまな観点から解き明かしています。

けれども、ケント・ギルバートの語る単純な「ストーリー」が正しいなら、一九三七年七月に始まった日中戦争も、一九四一年一二月に日本の先制奇襲攻撃でスタートした日本とアメリカ・イギリス両国との全面戦争も、大日本帝国はコミンテルンの謀略に「はめられた」だけで、戦争を始めた責任は負わなくていい、ということになります。

ケント・ギルバートが、この件について「詳しく書いた」と述べている『まだGHQの洗脳に縛られている日本人』を読むと、以下のような説明があります。

日本を戦争に誘い込もうとするルーズベルトの謀略が、日本の真珠湾攻撃のはるか以前から計画されていたことが、徐々に明らかになってきています。

評論家の加瀬英明さんとニューヨーク・タイムズ元東京支局長のヘンリー・S・ストークスさんの対談をまとめた『なぜアメリカは、対日戦争を仕掛けたのか』（祥伝社新書）には、昭和十五年（一九四〇）九月二十七日、日独伊三国同盟条約が調印されたことを聞いたルーズベルト大統領が、側近に向かって「これで、日本をわれわれとの戦争に誘い込める」と語った、とあります。

（pp.153-154）

外交評論家として活動する加瀬英明は、第一章で触れた「日本会議」の代表委員を長く務める人物で、第一章で紹介した倉山満の『歴史戦は『戦時国際法』で闘え』の版元である自由社の社長や、「慰安婦問題で日本の名誉を守ろうとする立場の個人・諸団体の連絡組織」（公式ウェブサイトの説明）として二〇一三年に結成された民間団体「『慰安婦の真実』国民運動」の代表、「南京において『日本軍が』虐殺を行ったという事実無根の誹謗《ひぼう》」（公式ウェブサイトの説明）

に対抗する目的で二〇〇七年に設立された民間団体「南京事件の真実を検証する会」の会長など、さまざまな肩書きを持つ人物でもあります。

その加瀬英明と、ケント・ギルバート、ヘンリー・ストークスのつながりについて、ルポライターの安田峰俊は、「ニューズウィーク日本版」二〇一八年一〇月三〇日号に寄稿した「出版界を席巻するケント・ギルバート現象」という巻頭記事の中で、次のような加瀬英明自身の発言を紹介していました。

「長年、ケントに忍耐強く説いていった。彼は真面目なので、話を聞いてくれた。われわれがケントを変えたんだ」（略）「バテレン（筆者注・戦国時代のキリシタン）を改宗させたようなものだ。最初はヘンリー・ストークスを10数年かけて『調教』したのだが、ケントはその次だった。最初はいずれも、慰安婦や南京の問題について、日本が（悪事を）やったと考えていたんだ」（p.20）

安田峰俊は、早いペースで大量に刊行されるケント・ギルバートの著書の「制作体制」についても、次のように説明しています。

書籍の制作に当たり、ギルバートに渡す日本語資料の大部分は彼ら［ギルバートをサポートする日本人スタッフ］が選定している。大部分の書籍は口述筆記だ。録音データを出版社側のライターがまとめたものをギルバートと日本人スタッフがチェックし、手を入れるという作業工程を踏む。

著者がアメリカ人であるにもかかわらず、書籍中で日本の新聞・雑誌記事やネットスラング、保守系言論人の言説が極めて多く引用され、一方で英文の参考資料が少ない理由も、こうした制作体制に起因するようだ。（p.21）

安田峰俊が指摘しているように、ケント・ギルバートはアメリカ人であるにもかかわらず、なぜか著書を読んでも英語の史資料を出典とする記述がほとんど見当たりません。

ケント・ギルバートが『まだGHQの洗脳に縛られている日本人』の中で書いている以下の文章も、加瀬英明の発言を知った上で読むと、見え方が少し変わってきます。

私はこれまで、この日米和平交渉の詳細をほとんど知りませんでしたが、ルーズベルトという人間を勉強し、日本が戦争に向かう過程を勉強してから、やはり日本はルーズベルトによって戦争に追い込まれたのだということを確信するようになりました。（p.169）

《反戦運動や平和運動も「外国が日本に仕掛けた思想戦」という認識》

◆全体として論理的な整合性がとれない「歴史戦」の言説

現代の「歴史戦」で語られる言説は、そのひとつひとつが結果的に「大日本帝国」の擁護という方向性で一致していますが、個別の問題への反論に特化するかたちで、そのような理論構築を行ってきた結果、それらの言説をひとつの全体像として組み立てた時に、あちこちで矛盾や不整合が生じていることに気付きます。

例えば、ケント・ギルバートは『いよいよ歴史戦のカラクリを発信する日本人』で、先に紹介した「ルーズベルト政権とアメリカ共産党の共同謀議」という話に続いて、以下のような解釈を書いていました。

先の戦争では結果的に、三〇〇万人近い日本人が命を落とすことになりました。共産勢力はソ連と中国だけでなく、アメリカや日本の共産党とも背後で完璧かつ緊密に連携しながら、日本をあの戦争に追い込んだうえで、完膚なきまでに叩きのめしたのです。見事な謀略です。「性善説」の日本人に対抗できるはずがありません。（p.30）

この説明を読んで、あれ、おかしいな、と気付かれましたか？

第二章で紹介した「東南アジアやインド、アフリカなどの植民地が独立できたのは日本のおかげ」という、ケント・ギルバートの言葉を思い出してください。

仮に、完璧な謀略によって先の戦争を「大日本帝国に始めさせた」のが共産勢力で、その戦争の結果として「東南アジア諸地域は白人の植民地支配から脱却して独立できた」のであれば、東南アジアが戦後に独立を勝ち取ることができたのは「コミンテルンなどの共産勢力のお陰」ということになりませんか？（図5）

第一章で紹介したように、井上和彦らの「歴史戦」の論者は、東南アジアの人々は「自分たちを独立させてくれた日本軍に感謝している」と書いていますが、百歩譲ってそれが事実だとしたら、彼らに「本当のこと」を伝えて「皆さんが感謝する相手は、日本軍に戦争を始めさせ

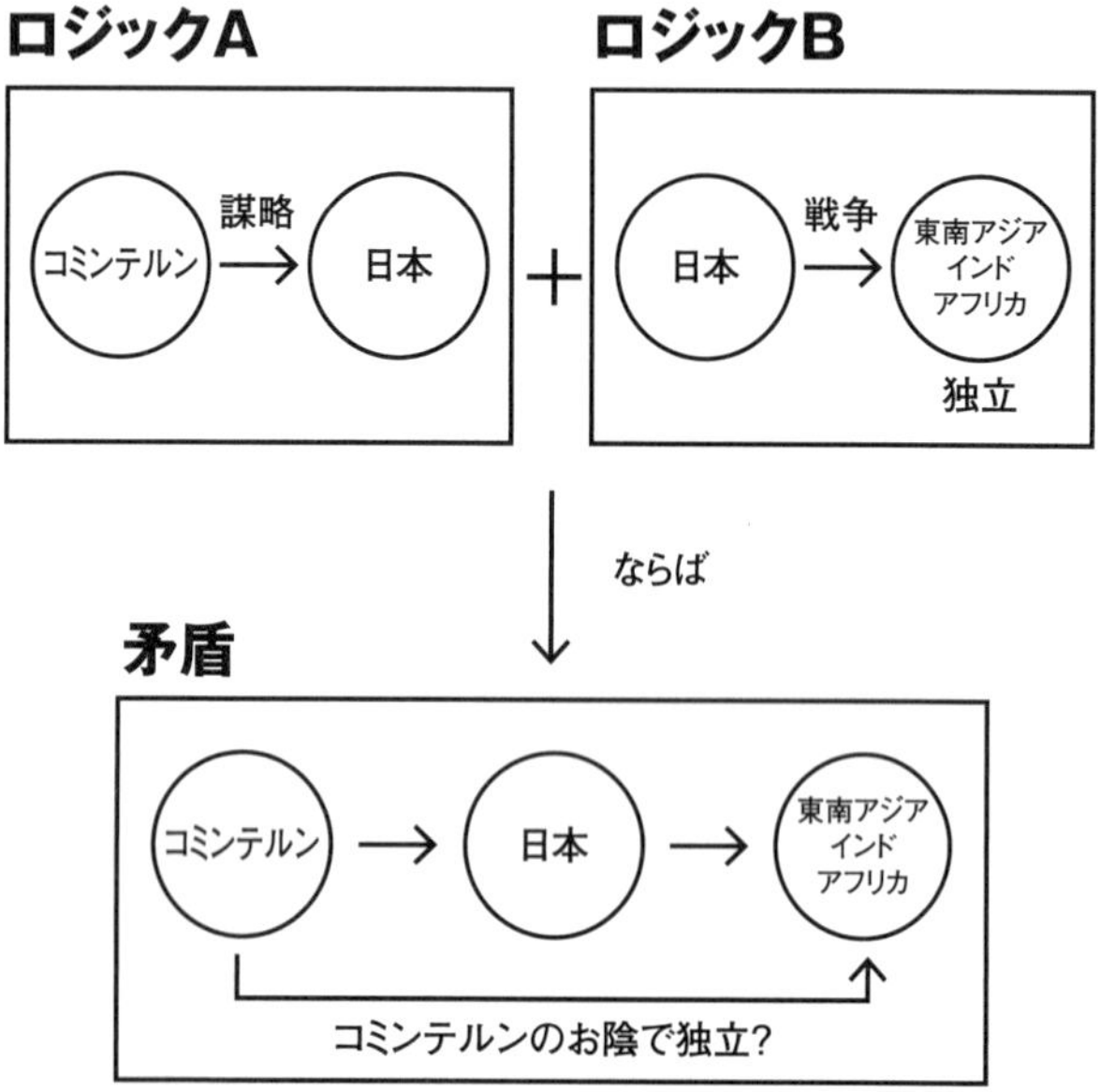

図5　「歴史戦」論者のロジックの矛盾①

たコミンテルンです」と言うべきではないでしょうか？

そもそも日本の共産党は、第三章で触れた通り、戦前の日本では特高警察の厳しい弾圧によって一九三五年には事実上活動を停止しており、一九三七年から翌年にかけての「人民戦線事件」などの一斉検挙によって、共産主義思想に共鳴する人間も獄中に入れられました。これは、戦中の日本国内で反戦運動や政権打倒の市民運動が起きなかった大きな理由のひとつです。

そんな「日本の共産党」に、

近衛内閣（一九三七年）や東条内閣（一九四一年）を無謀な戦争に追い込むほどの政治力があるなら、なぜ天皇の地位はまったく揺るがず、特高警察による国内での共産主義者への厳しい監視と取り締まりが、戦前と戦中、そしてポツダム宣言の受諾（玉音放送）の後まで、ずっと続いていたのでしょうか。

さらに言えば、もしソ連と中国、アメリカと日本の共産党が結託して「謀略」を日本に仕掛け、戦争を始めさせた上で「完膚なきまでに叩きのめし」、それによって「三〇〇万人近い日本人が命を落とすこと」になったのであれば、当然そんな謀略に引っかかった近衛内閣や東条内閣の「大失態」の責任は厳しく問われなければならないはずです。

ところが、ケント・ギルバートはなぜか、状況を見誤って「謀略」に引っかかるという大失態を演じて三〇〇万人を超える日本人を死なせたと彼が見なす、近衛内閣や東条内閣の「無能さ」を、まったく批判していません。逆に「『性善説』の日本人に対抗できるはずがありません」という情緒的な好意的解釈で、近衛内閣も東条内閣も免責しています。

それどころか、ケント・ギルバートは『まだＧＨＱの洗脳に縛られている日本人』の中で、次のような東条英機の擁護論を展開していました。

東條さんという人は実に不運な人でもあったと思います。戦前はわずかな期間ですが、天皇陛下のご意向に従って和平のための努力をし、にもかかわらず開戦の決断を下すことになり、戦後も天皇陛下に忠誠を尽くし、陛下が戦争責任に問われないように尽くしていたともいわれています。

こうやって見てみると、本当に東條さんがそんなにワルだったのかということは、大きな疑問です。

(p.184)

その真意はどうあれ、結果として勝ち目のない戦争を始めて三〇〇万人以上の自国民を死なせ、敗戦時には長い日本の歴史上初めて国の主権と独立国の地位を喪失する事態を招き、昭和天皇に「敗戦国の元首」として外国の征服者と面会させる屈辱を味わわせた張本人が、日米開戦時の首相である東条英機であったという歴史的事実を考えれば、このケント・ギルバートの擁護論はきわめて不自然で、さまざまな矛盾を凝縮しているようにも読めます。

◆自由主義者やキリスト教徒も「敵の手先」と見なす「思想戦」の発想

このような「論理の不整合」は、戦中の「思想戦」にも見られました。

日本海軍による真珠湾への奇襲攻撃から九か月前の一九四一年三月、国民精神文化研究所という機関が吉田三郎の『思想戦――近代外国関係史研究』を刊行しました。

同書は、「国民精神文化研究」というシリーズ本の第四六冊でしたが、冒頭で国民精神文化研究所という機関の活動内容について、簡単に述べています。

わが国民精神文化研究所は、日本文化の本質、日本の世界史的使命について根本的なる研究をなし、［内閣］情報局は、各国の情報の調査と、日本国内の言論機関の統制および国外宣伝網の統御に従事しているが、いずれもその規模きわめて小さく、従ってその機能も充分であるとは言えない。（p.5）

この文が示唆する通り、国民精神文化研究所とは一九三二年に設立された文部省直轄の教育研究所であり、その主な目的は、学生がマルキシズムなどの「有害な外来思想」に感化されないよう、健全な日本文化と国民精神を教育機関に教示して、正しい道へと導くことにありました。

この本の中で、研究所員の一人である吉田三郎は、国内のキリスト教徒が反戦的な行動をとる背景に、アメリカやイギリスの意向があるという認識を示しています。

むかしから、伝統的に用いられる思想戦の方法としては、宗教戦、言語戦、学問戦などがある。宗教は人間の心を左右するところ極めて大であり、従ってその影響はまことに大きい。（略）日本国内の一部キリスト教徒が、英米その他自由主義諸国のあやつる糸に躍らされて、意識的にあるいは無意識的に、反戦的行動、反軍的行動をなしつつあるがごとき、いずれも宗教による思想戦の例である。（p.12）

日本国内のキリスト教徒が、当時の「大日本帝国」における事実上の国教的存在だった「国家神道」とは違う価値判断基準に基づいて、政府の国策に疑問を呈するのは、個人としての良心的行動であったと理解するのが自然ですが、「思想戦」を通して現実を分析する吉田三郎の目には「英米その他自由主義諸国のあやつる糸」が見えていたようです。

また、彼は学生が欧米諸国に留学して、欧米の文化を学ぶという経験が、結果として欧米諸国の「思想的植民地」政策の思惑に屈することになるという図式を提示し、国内の大学教育においても同様の「思想戦」がなされていると警鐘を鳴らします。

アフリカやインドや支那は、欧米諸国に青年を留学せしめ、進歩した文化の洗礼をうけたと喜びながら、実は急速に欧米の思想的植民地に転落してしまっている。日本におけるいわゆる大学問題のごときも、その顕著なる例証であるといえる。知識人が思想的に国籍不明の状態に陥っていることも、欧米、なかんずく英米の教育による思想戦の攻め得た恐るべき成果である。（p.13）

そして吉田三郎は、発生からすでに三年半が経過したにもかかわらず、泥沼化して収拾がつかなくなっている日中戦争も、中国人に対するソ連や米英の「抗日（反日）教育」がもたらした結果だという見立てを披露し、宗教や言語や教育などを介在した「思想戦」への備えを呼びかけていました。

かくのごとく、宗教や言語や教育による思想戦は、年月を要するかわりに、その成功した暁には、影響するところなかなか深刻である。今次の支那事変が、蔣介石以下、英米派ソ連邦派要人が指導する徹底した抗日教育に基づくところ大なるを見るにつけて、思想戦

のもつ役割が今後ますます増大することを痛感するものである。　（p.13）

この吉田三郎の言説も、個々の文章だけを抜き出してみれば、一見もっともらしい説明になっていますが、共産主義国であるソ連と、資本主義／自由主義国である米英は、社会の価値観が正反対であり、彼らが本当に自国に有利な状況を外国で創り出すために「思想戦」を展開しているのなら、その内容も正反対になっているはずです。

しかし、中国における「大日本帝国」の勢力拡大という現象は、ソ連にとっても米英両国にとっても、そして蔣介石以下の中国にとっても、自国の利益にマイナスとなるものでした。そのような利害の一致は、時間的にも空間（地域）的にも限定されるものですが、「大日本帝国」を中心とする「思想戦」の視点で見るなら、ソ連と米英、中国は「日本をやっつけるために裏で手を結んでいるに違いない敵国の共同体」ということになります。

◆自由主義者と共産主義者を十把ひとからげにする「左翼」という語法

こうした単純な現実認識、つまり物事を「敵と味方」の二項対立で捉え、自国は常に正しいという「結論」から逆算するかたちで、個々の出来事や状況、現象を説明していく論理展開は、戦中の「思想戦」で多く見られたパターンですが、現代の「歴史戦」においても、あたかも先輩から学び取ったかのごとく、踏襲されているようです。

第三章で述べた通り、戦中の「思想戦」では、一九三五年のコミンテルン大会で打ち出された方針により、共産主義者は自由主義者を味方に取り込んで、日本に対する「思想的侵略」を行っているという状況の把握がなされていました。その結果、政府の方針に批判的な人間は、実際の思想信条や立ち位置に関係なく全員が「共産主義勢力の手先」であるかのように定義され、「国を守るため」という大義名分で弾圧・排斥されました。

この「国を守る」という場合の「国」とは、第二章で触れた「権威主義国の特徴」の「【2】時の国家指導者とそれが君臨する国家体制を『国』と同一視する認識」を前提としています。したがって、指導者たちの無能力や誤謬《ごびゅう》が原因で、国が間違った方向に進んでいるのではないか、このままでは国が傾いたり、破滅的な事態に陥るのではないか、という国の将来についての懸念を表明する意見は、「時の国家指導者とそれが君臨する国家体制に対する反逆」として扱われました。

そのような意見は「【1】時の国家指導者の判断は常に正しいと見なす『国家指導者の権威化』」に真っ向から反することになるからです。

これが、多くの「権威主義国」が自ら破滅へと向かって暴走している時に見られる、共通するパターンです。かつての「大日本帝国」も、同時期の「ナチス・ドイツ」もそうでした。

現在の「歴史戦」でも、これとそっくりな図式がしばしば見られます。

ケント・ギルバートは、戦前と戦中の「大日本帝国」に対して批判的な人間を十把ひとからげにして「左翼」と決めつける、「歴史戦」の論客に共通する人間分類法を、次のような言葉で表現しています。

> 左翼の人々は、日本の過去をすべて否定し、文化や伝統を軽視し、歴史を捏造し、社会のなかの価値観を徹底的に破壊することに専念したのですが、このことを今日になってもまだ、それほど実感していない日本人が多いことに驚かされます。
>
> (『いよいよ歴史戦のカラクリを発信する日本人』p.21)

本書をここまでお読みの方は、この説明のおかしさに、すぐ気付かれたのではないでしょうか?

ここにも、受け手の思考を誘導するトリックがいくつか使われています。

まず、戦後の日本で「左翼」と呼ばれてきた人々は、「日本の過去をすべて否定」してきたでしょうか。実際には、そんなことはありません。ただ、日本の長い歴史の中ではほんの短い時期に過ぎない「大日本帝国時代の国策の誤りを批判」してきただけです。前者と後者は、まったく違いますが、両者を混同して論じるのもひとつのトリックです。

それに続く「文化や伝統を軽視」や「歴史を捏造し」、「社会のなかの価値観を徹底的に破壊すること」などの否定的な言葉は、自分のアイデンティティーを「大日本帝国」に結び付けて理解する人から見れば、「大日本帝国時代の否定」という行動がそのように映ることを示しています。

そして、受け手の思考を誘導する最も大きなトリックが、「左翼」という言葉です。

第二章の「権威主義国」に関する説明で述べたように、左翼という言葉は一般的に、共産主義の革命や社会主義による急進的な変革を目指す集団を指す言葉として使われる政治用語です。けれども、少し考えればすぐ気付くように、戦前や戦中の「大日本帝国」に対して批判的な考えを持つ人間は、共産主義者や社会主義者だけではありません。

戦前や戦中の「大日本帝国」が「国体に反する思想」として弾圧の対象とした、自由主義者や個人主義者も、同様に「大日本帝国」を批判する態度をとっています。

こうした自由主義者や個人主義者は、戦中の「思想戦」で軍人や政府関係者が理解していたように、共産主義国のソ連ではなく、イギリスやアメリカの思想文化に近いものでした。自由主義者（リベラリスト）と共産主義者（コミュニスト＝左翼）は、本来「水と油」のような相容れない価値観を持つ異質な存在ですが、戦前と戦中の「大日本帝国」や「ナチス・ドイツ」に対して批判的だという点では一致しています。

この構図を逆方向、つまり自分のアイデンティティーを「大日本帝国」に置く人から見れば、実際には協力関係など成立していなくても、戦前と戦中の「大日本帝国」に対して批判的な両者は「一致団結して自分たちを攻撃してくる敵」だということになります。

そんな考えに囚われた人間は、実際には自由主義や個人主義を尊重する立場からの意見であっても、「大日本帝国」に対して批判的であれば、その一点だけをもって「左翼」と乱暴に分類します。ネット上では、左翼という言葉の持つ本来の意味を無視し、単なる悪口として「サヨク」や「パヨク」という言葉で代用されることもあります。

中には、自由主義者を「左翼」と呼んでしまう矛盾に違和感を感じるためか、「リベラル左翼」という言葉を用いる論客も存在します。しかし、このような言葉を新たに作ったからといって、語法の矛盾が解消されるわけではありません。

自分のアイデンティティーを「大日本帝国」に置く人にとっては、「大日本帝国」に批判的だという一点だけが決定的に重要なポイントであり、そうした批判の背景にある価値観や目指す社会が何なのかという本質的な部分には、まったく関心がないようです。

そして、「大日本帝国」に批判的な言説に対する感情的な反感を、さらに強化したかたちで用いられるのが「反日左翼」という言葉です。改めて説明するまでもないことですが、ここで言う「反日」とは「反大日本帝国」を意味しています。

《「コミンテルン脅威論」を「思想戦」から受け継ぐ「歴史戦」》

◆「歴史戦」の論客の頭の中では今も生き続ける「コミンテルン」

第三章で詳しく見たように、戦中の「思想戦」では、当時の「大日本帝国」に批判的な言説はすべて「コミンテルンの謀略」と結び付けて理解していました。

共産主義勢力が国際的に展開する「思想戦」の総本山だと、当時の日本政府が認識していた「共産主義インターナショナル」の略称であるコミンテルン。

あのコミンテルンという組織は、その後どうなったのでしょうか？

実は、第三章で紹介した、一九三五年の第七回大会が、コミンテルンという組織の実質的なピークでした。その後、ヨーロッパの政情が目まぐるしく動き、一九三九年八月のソ連とナチス・ドイツの不可侵条約締結、一九四一年六月のドイツ軍のソ連侵攻など、敵と味方の線引きも頻繁に変化した結果、コミンテルンに参加する各国の共産党の間でも利害対立や路線の違いが顕著になり、統一組織としての活動は縮小していきました。

また、ソ連の独裁者スターリンが、自らに服従しない各国の共産主義者を弾圧したり、独ソ開戦によってソ連がアメリカ・イギリスと同じ「連合国」陣営に加わったことも、コミンテルンの国際組織としての結束力や存在価値を大きく低下させる結果となりました。

こうした政治状況の中で、各国共産党の連携組織としてのコミンテルンはその役割を終え、第二次世界大戦中の一九四三年五月一五日に解散しました。

強大な「権威主義国」であったスターリン独裁下のソ連は、その後も海外の共産党に対して一定の影響力を持ち、秘密警察と情報工作機関を兼ねたＮＫＶＤ（内務人民委員部）やソ連軍の情報機関であるＧＲＵ（参謀本部情報総局）によるスパイ活動や情報工作などが各国で行われましたが、コミンテルンという組織自体は消滅していきました。

ところが、「歴史戦」の論客の中には、このコミンテルンが解散後も活動していたかのように理解している人物が少なからず存在します。

例えば、ケント・ギルバートは『いよいよ歴史戦のカラクリを発信する日本人』で、敗戦後の日本で起きた出来事について、コミンテルンの仕業だと断定しています。

つまり、WGIP［ウォー・ギルト・インフォメーション・プログラム］と日本国憲法は間違いなく、日本国家の転覆と共産化のためにコミンテルン（共産主義インターナショナル、共産主義政党における国際組織）の工作員らが仕込んだ、共産主義革命戦略の一環であったのです。日本人のほとんどはこのことに気づかず、学校で無邪気に日本の悪口を吹き込まれ、日本国憲法は美しいものだと信じ込んで今日まで過ごしてきたのです。恐ろしいかぎりではありませんか。（p.24）

ここに書かれている「日本の悪口」の「日本」とは、言うまでもなく「大日本帝国」のことであって、包括的な概念としての「日本」という意味ではありません。

一九四三年五月一五日に解散したコミンテルンが、一体どうやって一九四五年の日本敗戦後における日本国内での政治的変動に関与できたのか？　ケント・ギルバートはそれについて何も触れていません。

また、第一章で言及した「日本会議」の事業部門である「日本会議事業センター」は、「日本会議」の幹部が初代と第二代の社長を務めた出版社である明成社から、二〇〇七年に『歴史の書き換えが始まった！～コミンテルンと昭和史の真相』というブックレットを刊行しました。同書は、日本会議副会長で東京大学名誉教授の小堀桂一郎と、すでに何度も名前の出た中西輝政の対談本ですが、日本会議事業センターは同書の冒頭で次のように書いていました。

あの戦争を引き起こし、日本の戦後レジームを作り上げたコミンテルンの恐るべき策謀がここに明らかに！（p.1）

対談の内容は、ＮＫＶＤやＧＲＵが行った秘密工作とコミンテルンの活動を区別せずに混同した上で、そのすべてを「コミンテルンの仕業」と見なしたり、アメリカ政府の主要機関にＮＫＶＤやＧＲＵの内通者や協力者がいた事実を根拠に「ＧＨＱの占領政策がコミンテルンに牛耳られていた」かのように解釈を飛躍させる手法が多く用いられていますが、個々の工作や占領政策とコミンテルンのつながりについては、具体的に説明していません。

例えば、GHQのスタッフとして日本国憲法の策定に加わったベアテ・シロタ・ゴードンについて、中西輝政は次のような言葉で「自分の憶測」を述べています。

中西　父親がコミンテルンの工作員の可能性が大で、異例の抜擢《ばってき》をしたのがコミンテルン人脈のラバルであれば、当人［ベアテ・シロタ・ゴードン］もそうした工作員の息がかかっていた可能性は高いですね。（p.55）

◆「コミンテルンは弱体化したどころか、活気づいている」

改めて指摘するまでもないことですが、ソ連のスターリンがNKVDやGRUを使って世界各国で進めていたのは、その国で政変を引き起こし、ソ連にとって都合のいい傀儡《かいらい》の共産党あるいはそれに類する社会主義政党の独裁政権を樹立することです。

もし一部の論客が言うような「コミンテルンの策略」が、日本でそれほど成功しているのなら、なぜ日本では一向に共産主義革命の気配がないのでしょうか？　なぜ戦後の日本は、共産主義とは正反対の「資本主義的発展」を遂げることができたのでしょうか？

戦後の日本では、共産党が大きな政治力を持ったことはただの一度もなく、むしろ反共を掲げる吉田茂（麻生太郎元首相の祖父）や岸信介（安倍晋三現首相の祖父）が大きな政治力を持つ時代が続きました。もし戦後の「日本国憲法」がコミンテルンの謀略なら、その謀略は日本の共産化という目的において、完全に失敗したと結論づけられます。

中西輝政は、この対談の中で「現行の日本国憲法は『GHQ憲法』と称されることもありますが、こういう経緯を知れば、より正確には『コミンテルン憲法』と称したほうがふさわしい」（p.49）と述べましたが、本当にコミンテルンが策定した憲法なら、そこに共産主義を肯定するような条文がひとつも含まれていないのはなぜでしょうか？

終戦直後の話だけでなく、二一世紀に入った現代もなお、コミンテルンの「策謀」が渦巻いているかのように理解している「歴史戦」の論客も存在します。

ノンフィクション作家の河添恵子は、現在自民党の国会議員を務める政治家の杉田水脈《みお》（刊行当時の肩書きは「前衆議院議員」）との対談本『「歴史戦」はオンナの闘い』（PHP研究所、二〇一六年）のまえがきで、以下のように書いていました。

私自身も、中国共産党（習近平政権）と中国国民党（中華民国の馬英九前総統）が仕掛ける新・国共合作による「歴史戦」を注視しているところでした。（略）杉田さんとの二度目の対談を終えた段階で、私はハッと気づきました。ベルリンの壁が崩壊し、ソビエト連邦が消滅して四半世紀を経ていますが、コミンテルン（共産主義インターナショナル）は弱体化したどころか、活気づいていること。
（pp.1-2）

河添恵子によれば、コミンテルンは「日本の強さの根源が天皇陛下と皇室にある」と分析しており、皇室の解体と神社潰しを目論《もくろ》んでいるとのことですが、杉田水脈もこうした認識に賛同して、次のように述べていました。

杉田　ソ連崩壊後、トホホな日本を舞台にコミンテルンの動きは活発化していますよね。他国もそうですが、洗脳計画は現在進行形で進んでいると思います。コミンテルンが国連内部にも深く入り込んでいることも実感しましたし、虎視眈々《こしたんたん》と世界同時革命を狙っているように思います。
河添　「戦後の勝者って、コミンテルンなのかな？」と総括しています。
（p.224）

一九四三年五月一五日に解散したコミンテルンが「戦後の勝者」となり、今なお日本を舞台に活発に動いて、日本人の洗脳計画を現在進行形で進めている上、国連内部にも深く入り込んでいるというのは驚くべき「ストーリー」ですが、ここで第二章で紹介した研究書『権威主義的パーソナリティ』の、共産主義の「亡霊」に触れた一節をもう一度読んでみましょう。

その概念が何ら特定の具体的内容を持っていなければいないほど、それはあらゆる種類の敵対的投射にとっての道具となる。それらの多くは、続き漫画における悪役の存在を見いださせるものなのだ。（p.429）

この指摘は、「歴史戦」の論客たちにとっての「コミンテルン」がどのような存在なのかを理解する上で、きわめて有効であるように思われます。

◆「ゆとり教育」もコミンテルンが考え出した「日本人弱体化」計画

ケント・ギルバートも、『いよいよ歴史戦のカラクリを発信する日本人』の中で、コミンテルンが今もなお日本で活動を続けているかのような説明をしています。

あるいは「ゆとり教育」によって基礎的な教養が足りず、あるいは親や先生に怒られたことのない子供たちが今、「打たれ弱い社会人」になっています。これらもまた、コミンテルンの連中が考え出した「日本人弱体化」という恐ろしい計画の成果の一端です。元はといえば、GHQによって過去をすべて否定されたところから始まり、左翼が蔓延《まんえん》した戦後日本の教育界によって、さらにこういった悲しい日本人が大量生産されたわけです。
(p.217)

具体的な証拠を何も示さないまま、憶測に憶測を重ねるような話を展開していますが、ここにも、受け手の思考を誘導するトリックがいくつか使われています。

まず、GHQが占領統治と日本の戦後再建への干渉で行ったのは「大日本帝国」の政治思想の体系、つまり国家神道に関連する事物だけで、長い歴史を持つ日本の過去を「すべて否定する」ような政策は行っていません。

それは、日本国内を少し旅行してみればすぐわかることです。日本の伝統文化を今に伝える歴史的建造物や工芸品、美術品などを、GHQは占領統治の七年間に破壊も否定もしませんでした。それゆえ、我々は今でも、各地に残るこれらの文化遺産に触れて、その美しさや過去の日本に息づいていた伝統文化の深みを味わうことができます。

そうした日本の伝統文化に魅力を感じ、それを見て感じるために日本を訪れる外国人観光客の数も増え続けています。もしGHQが、仏教遺跡を破壊したアフガニスタンのタリバンのように、「日本の過去」をすべて否定したのであれば、このような日本の伝統文化が大量に日本国内に残されているはずがありません。

けれども、戦後もずっと「大日本帝国」に自分のアイデンティティーを結び付けて認識し、「大日本帝国イコール日本」という思考に囚われた人間は、「大日本帝国」時代の国家神道や国体思想を否定されると、自国の「過去をすべて否定された」ように感じます。

そして、「大日本帝国」時代の国体思想を否定する人間＝「左翼」が、戦後日本の教育界に蔓延しているからそうなっているのだ、というふうに理解します。

自分のアイデンティティーを「大日本帝国」に結び付けて認識する、権威主義的性格の日本人にとって、戦後日本の政治システムから「大日本帝国」時代の思想体系を一掃するような占領政策を行ったGHQは、憎んでも憎みきれない「最大の敵」でした。

それゆえ、戦中の「大日本帝国」が「思想戦」における最大の脅威と見なしたコミンテルンと、戦後日本の政治システムから「大日本帝国」時代の思想体系、つまり国家神道や国体思想を取り除いてしまったＧＨＱは、いつしか彼らの頭の中では一体化して「結託した敵」と認識されるようになったのかもしれません。

ＧＨＱやアメリカ政府に、ソ連のＮＫＶＤやＧＲＵの内通者や協力者が入り込んでいた事実は、必ずしも「コミンテルンとＧＨＱが裏で結託していた」ことを意味しません。しかし、自由主義者と共産主義者を十把ひとからげにして「左翼」と見なす認識と同様、こうした「敵を単純化する分類法」は、自分のアイデンティティーを「大日本帝国」に結び付けて認識する人々から見れば、非常にわかりやすい色分けということになります。

そうした状況認識から生まれたのが、戦後の日本人は「ＧＨＱのウォー・ギルト・インフォメーション・プログラム（ＷＧＩＰ）」に洗脳されてきた、という筋書きでした。

《「戦後の日本人はGHQのWGIPに洗脳された」という「ストーリー」》

◆諸悪の根源は「ウォー・ギルト・インフォメーション・プログラム」

本書の中で「ウォー・ギルト・インフォメーション・プログラム（WGIP）」という言葉が何度か出てきました。ケント・ギルバートは『いよいよ歴史戦のカラクリを発信する日本人』の中で、WGIPという「GHQの策謀」について、こう述べています。

まともだった日本人を無意識的で無自覚な左翼思想へと洗脳したのは、戦後のメディアです。GHQがつくりあげた「ウォー・ギルト・インフォメーション・プログラム（WGIP）」を、占領中は全面的に受け入れるしかありませんでした。しかし、GHQの占領が終わった後も左翼思想を日本に蔓延させたのは、メディアの大罪です。（p.22）

ここで彼が書いている「まともだった日本人」とは、戦争中の「大日本帝国の思想体系に適応した日本人」のことで、「左翼思想」とは「大日本帝国」に対して批判的あるいは否定的な思想を指す言葉です。ケント・ギルバートは、同書の別の箇所でも、この「プログラム」に言及しています。

GHQは、日本人洗脳工作においてメディアを最大の道具として活用しました。NHKを使って『眞相はかうだ』など一連の戦争プロパガンダ放送を流し、その方針をほとんどの民放各局や新聞などのメディアが今日まで維持してきました。そんな七十一年間の洗脳工作は、GHQが予想した以上の効果を発揮しましたが、そこは共産主義者や、それに影響を受けた左翼人士が跋扈《ばっこ》する世界でした。

(pp.124-125)

彼が「大日本帝国を批判する人間」を十把ひとからげにして「共産主義者」や「左翼」と呼ぶ理由については、すでに説明したので繰り返しませんが、GHQによる「洗脳工作」に七〇年以上もずっと「洗脳されたまま」であるがゆえに、日本国民は「大日本帝国」を今も批判し、否定するのだ、というのが、彼らの信じる「ストーリー」です。

ただし、ここでケント・ギルバートが書いている説明は、GHQの「WGIP」というプログラムの内容について、一面の事実を含んでいます。「NHKを使って『眞相はかうだ』など一連の戦争プロパガンダ放送を流し」という部分がそれです。

それでは、GHQの「WGIP」とは一体どのようなプログラムだったのか？

当時日本を占領統治下に置いていたGHQは、その作業で何を意図していたのか？

このプログラムについて、一次史料（アメリカ軍の公文書）に基づくかたちで日本で初めて言及したのは、文芸評論家の江藤淳でした。かつて産経新聞社の「正論」と並ぶ「保守論壇」のオピニオン誌として刊行されていた「諸君！」（文藝春秋）誌上で、彼は一九八二年から一九八六年まで「アメリカは日本での検閲をいかに実行したか」というシリーズ記事を発表し、その中でGHQによる戦後日本の言論統制と思想統制の一環として、このような計画が進められていた事実を明らかにしました。

江藤淳の寄稿は、一九八九年に『閉された言語空間――占領軍の検閲と戦後日本』として文藝春秋より単行本化され、一九九四年には文春文庫で文庫化されましたが、彼はその中で「WGIP」についての最初の言及を行いました。

ここで特筆して置かなければならないのは、CCD〔民間検閲支隊、GHQ下部組織〕の提供する確度の高い情報にもとづいて、ＣＩ＆Ｅ〔民間情報教育局、同〕が、「ウォー・ギルト・インフォーメーション・プログラム（戦争についての罪悪感を日本人の心に植えつけるための宣伝計画）」なるものを、数次にわたって極めて強力に展開していたという事実である。

（文春文庫版、p.261）

◆GHQが占領下の日本で行った価値観と思想体系の作り替え

一九四五年九月二日にアメリカ海軍の戦艦ミズーリ艦上で大日本帝国政府および同陸海軍が正式に連合国への無条件降伏を行ったあと、連合国は日本の占領統治機構として一〇月二日に「連合国軍最高司令官総司令部（ＧＨＱ／ＳＣＡＰ、以後ＧＨＱと略）」を設置し、司令官にはアメリカ陸軍のダグラス・マッカーサー元帥が任命されました。

ＧＨＱの占領統治における主要な目的は、まず「大日本帝国」の陸海軍を解体して戦後の日本を軍事的に無害な国へと作り替えることで、それとともに「大日本帝国」時代の価値観や思想体系（国家神道）を社会から一掃して、国民の意識をアメリカやイギリスと同様の民主主義国の市民へと変革することも必要だと考えられていました。

国家神道の思想体系は、「大日本帝国」を対米開戦へと向かわせた原動力であり、陸海軍という「目に見える有形の脅威」に匹敵する、アメリカにとっての「見えない無形の脅威」として将来の日本で再興しうると懸念されたからです。

実際、昭和天皇によるポツダム宣言受諾のラジオ放送（一九四五年八月一五日）が行われるまで、すでにアメリカ軍の占領下にあった沖縄と離島以外に住む日本国民は、敗色が濃厚となってもなお「大日本帝国」の指導部に従い、戦争継続の意志を保持していました。

こうした状況を重く見たＧＨＱは、戦後の日本が再び「大日本帝国」のような強大な軍備を持つ、アメリカにとって脅威となる権威主義国に回帰することを避けるには、日本国民の意識から完全に「大日本帝国」の価値観や思想体系を切り離す必要があるとの結論に達し、この方針に沿うかたちで重要な統治政策の決定を次々と下していきました。

まず最初に行われたのは、日本国内における言論の統制で、出版物やラジオ放送はすべてＧＨＱによる検閲の対象となりました。検閲では、「大日本帝国」とその軍部を礼賛したり、当時の価値観や思想体系（国体思想に基づく国家主義を含む）を継承する言説は、ＧＨＱと連合国に批判的な言説と同様、厳しく取り締まられました。

それとともに、日本国民がそれまで盲目的に服従した「大日本帝国」の戦争指導部、とりわけ陸海軍の幹部に対して、失望や怒りを感じるように仕向け、戦後の日本人のアイデンティティーを「大日本帝国」から完全に引き剝がすための思考誘導を目的とした情報プログラムが策定されました。それが、本書で何度も名前の出た「ウォー・ギルト・インフォメーション・プログラム（WGIP）」でした。

このプログラムに従って実際に行われたのは、戦争中に実際に起きていたものの、日本政府と国内メディアが国民に伝えていなかった「日本軍による侵略的行動」や「日本軍による残虐行為」などを、新聞とラジオを使って国民に伝え、「大日本帝国」が聖戦と称して実行した戦争が、実はそうではなく、むしろ「罪深い行いだった」と日本国民に認識させることでした。

まず、一九四五年一二月八日から一七日にかけて、全国の新聞に「太平洋戦争史」と題した、戦争全体を連合国の視点で概説する連載記事が連日掲載され、一二月九日からはNHKのラジオ番組「真相はこうだ（眞相はかうだ）」が、一九四六年二月一〇日までシリーズで毎週日曜日の夜に放送されました。後者については、番組に寄せられた聴取者からの質問に番組が答えるという「真相はこうだ質問箱」というラジオ番組も、一九四六年一月一八日から二月八日の毎週金曜日の夜にNHKで放送されました。

また、「真相はこうだ」の放送終了後も、「真相箱」という質問回答形式のラジオ番組が、一九四六年二月一七日から一一月二九日に週一回放送されました。

これらの記事と番組の内容は、GHQの民間情報教育局（CIE）が制作したもので、戦争中に日本軍が各地でどのような非人道的行為を行ったかを日本国民に知らせ、「戦争の有罪性（ウォー・ギルト）」を認識させることをその主眼としていました。戦争中に発生した個々の戦いの位置づけや出来事の意味については、当然ながらすべて連合国の視点で叙述されており、連合国に不都合な情報は一切含まれていませんでした。

これらの記事や番組で、日本国民は初めて、日本軍による中国の南京やフィリピンのマニラでの大規模な虐殺事件を知り、その内容に衝撃を受けました。

江藤淳は、GHQがこのプログラムに込めた思惑を、こう読み解いていました。

そこにはまず、「日本の軍国主義者」と「国民」とを対立させようという意図が潜められ、この対立を仮構することによって、実際には日本と連合国、特に日本と米国とのあいだの戦いであった大戦を、現実には存在しなかった「軍国主義者」と「国民」とのあいだの戦いにすり替えようとする底意が秘められている。（略）

そして、もしこの架空の対立の図式を、現実と錯覚し、あるいは何らかの理由で錯覚したふりをする日本人が出現すれば、CI&Eの「ウォー・ギルト・インフォーメーション・プログラム」は、一応所期の目的を達成したといってよい。つまり、そのとき、日本における伝統的秩序破壊のための、永久革命の図式が成立する。（pp.270-271）

本書で紹介したケント・ギルバートや井上和彦らの「WGIPの洗脳」という言説は、基本的にはこの江藤淳の見立てを下敷きにしたものだと言えます。

けれども、引用した文の前段で江藤淳が述べている「GHQの思惑」、つまり「大日本帝国」の戦争指導部を一般の日本国民と分断した上で、戦争の責任を戦争指導部（GHQの言う「軍国主義者」）に押し付けて、一般の日本国民を離反させるという意図については、おおむね的を射ていますが、「軍国主義者」と「国民」の対立関係が日本で「現実には存在しなかった」という彼の断定には、疑いを差し挟む余地があります。

一九三七年七月の日中戦争勃発以降、日本政府とメディアは、自軍の行った南京での虐殺などの非人道的行為を国民に伝えておらず、一九四二年六月のミッドウェー海戦での日本海軍の大敗以後に戦況が劣勢に転じても、それを国民に正しく知らせていませんでした。

政府の情報局（内閣情報部から一九四〇年一二月に改組）が刊行する定期出版物「写真週報」の一九四二年二月一八日号は、敵の爆撃機から焼夷弾《しょういだん》を落とされても「頭から水をかぶり、バケツの水を焼夷弾にかけに行けば消せる」と教える見開き記事を掲載していました。しかし実際には、焼夷弾を水で消すことはできず、この記事を信じて行動した数多くの日本国民が、その後の空襲で犠牲となった可能性があります。

そして、戦争末期には政府の情報局が中心となって、特攻や玉砕などの自軍兵士の死を美化称揚し、戦争指導部の不手際で生じた戦死者の増大を戦意高揚のための宣伝材料として使い、それを規範にしてさらに戦争努力を続けよと国民に命じることで、自国の人的損害を敗戦の日まで増やし続ける結果となっていました。

こうした歴史的事実を踏まえて俯瞰《ふかん》するなら、日本の戦争指導部を指す「軍国主義者」は完全な「国民」の味方であったとは言えず、むしろ「国民」をあざむき、道具として利用し、犠牲を強いた側面が確かに存在していたと見なすことができます。

◆GHQの「WGIP」が戦後の日本にもたらした真の問題とは

いずれにせよ、GHQの「WGIP」の目的が、戦後の日本社会から「大日本帝国」の価値観や思想体系（国家神道）を排除し、それとはまったく異なる民主主義的な価値観を導入することであった事実を見れば、「歴史戦」の論客がなぜあれほど「WGIP」に敵意を燃やし、その「被害」を誇張するのかという理由が明瞭に浮かび上がります。

二〇一八年八月に刊行された学術研究書『ウォー・ギルト・プログラム――GHQ情報教育政策の実像』（法政大学出版局）の中で、歴史家の賀茂道子は、GHQの情報教育政策が日本国民に罪悪感、つまり「歴史戦」の論客が言うような「自虐的感情」を植え付けるような方策には重点が置かれておらず、また実際にそのような効果も生じていなかったことを指摘しています。


「ウォー・ギルト・プログラム」では、日本国民は軍国主義には反対の立場だったにもかかわらず、治安維持法をはじめとする弾圧諸法令により開戦への道を余儀なくされた被害者であるとの立場をとっていた。つまり、理念として「国民の有罪性」および「国民の責任」を問う必要性を認識しながらも、それを問うことは当初からしていなかったことになる。その理由は、史料等では明言されていないが、次の二点が考えられる。

第一は、占領を円滑に遂行するために、国民の反感を買う恐れのある政策は極力避ける必要があったことである。第二は、おそらく政策遂行上、こちらの方がより重要であったと思われるが、「国民の有罪性と責任」を問うことで、天皇のそれを問うことにつながる

恐れがあったことである。（p.264）

同書はまた、一九五二年のサンフランシスコ講和条約発効後、日本各地で「戦犯」の救済や減刑を求める署名活動が盛んに行われた事例を挙げ、「戦争の有罪性」は日本国民の思考にあまり浸透していなかったと述べています（p.266）。そして、賀茂道子は「自虐史観の洗脳」という誇張されたイメージとは異なる、このプログラムが戦後の日本にもたらした問題点について、次のように書いています。

国民は軍国主義者にすべての罪を負わせることを受け入れ、その一方でこれを利用した。「ウォー・ギルト・プログラム」は、国民の「だまされていた」、「責任はない」との実感にお墨付きを与え、定義が明確化されていない軍国主義者に責任を集中させた。その結果、国民は戦争を主体的に総括することなく、反軍国主義というイデオロギーを支持していった。（pp.266-267）

雑誌「正論」二〇一五年五月号は、近現代史研究家の関野通夫による記事「これが「戦後」

の元凶だ！　米占領軍の日本洗脳工作「ＷＧＩＰ」文書、ついに発掘」を掲載し、同年七月号には早稲田大学教授の有馬哲夫が「日本を再敗北させたＧＨＱ洗脳工作「ＷＧＩＰ」」という記事を寄稿しました。両記事とも、ＧＨＱの「ＷＧＩＰ」がいかに完成度の高い完璧な「日本人洗脳プログラム」であったかを読者にアピールする内容でしたが、後者は「ＷＧＩＰ」がもたらした効果について、こう解説しています。

かくして日本の教育機関と教育制度そのものが、現代史に関しては、反日プロパガンダを行うものとして「制度化」された。そして、いわゆる「自虐的」歴史観が公教育によって「制度化」され、これによって広まり、永続化することになってしまった。

とくに現代史に関しては、占領軍の心理戦が功を奏したため、歴史的事実と反日的プロパガンダとが区別できなくなっている。（p.194）

ここで言う「反日」とは、言うまでもなく「反大日本帝国」という意味です。

けれども、第二章で指摘したように、もし日本の学校教育で戦後七〇年以上も教えられてきた歴史の内容が、本当に「ＧＨＱの洗脳工作であるＷＧＩＰで植え付けられた自虐的な反日プロパガンダ」、つまり虚偽であるなら、その内容は諸外国における近現代の歴史教育とはかけ離れた、まったく異なるものになっているはずです。

しかし実際には、戦後の日本で教えられた第二次世界大戦に関する教育内容と、諸外国における第二次世界大戦の教育内容は、大体において一致しています。

ＧＨＱは日本だけでなく、諸外国の国民や教育機関をも「洗脳」することに成功したのでしょうか。それとも、そこで述べられている内容が「事実」だから、日本でも諸外国でも同じように学校で教えられているのでしょうか。

《大日本帝国時代の「思想戦」「宣伝戦」を今も継承し続ける「歴史戦」》

◆日本人は「七〇年以上も洗脳される」ほど知的能力が低い国民なのか

そしてもうひとつ、日本人が冷静に考えるべきなのは、日本人はＧＨＱという占領統治機構の人間が作成した教育プログラムで、国民全体が七〇年以上も無自覚に「洗脳」されてしまうほど、知的能力が他国より劣る「愚か者の集団」なのか、という問題です（図６）。

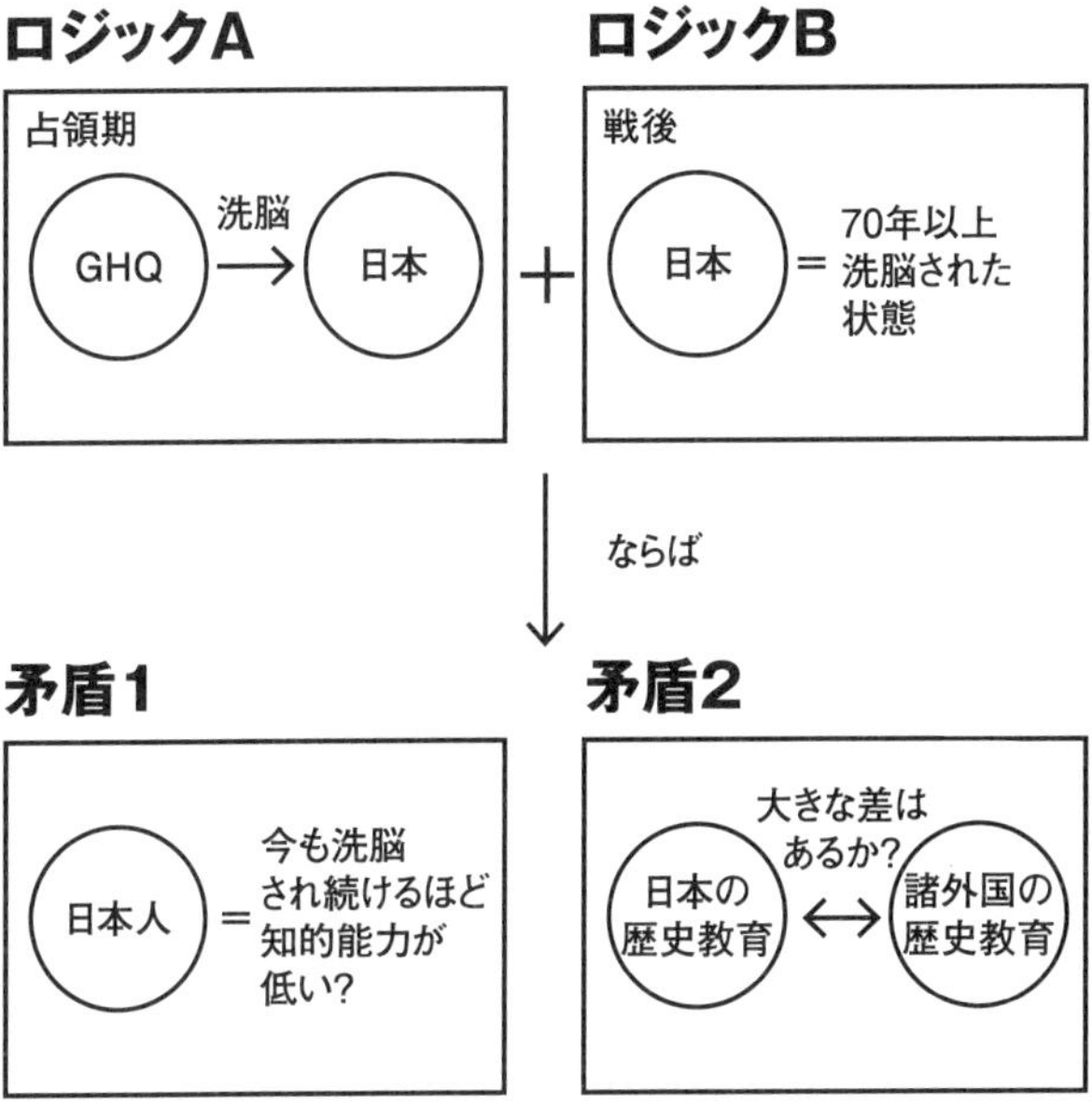

図6　「歴史戦」論者のロジックの矛盾②

先に述べた通り、「WGIP」で主に行われたのは、連合国にとって都合のいい解釈で戦争の経過を振り返る新聞記事を一〇日間掲載したこと、および連合国にとって都合のいい解釈で戦争の経過を振り返る週一回のラジオ放送を約二か月間放送したことでした（その後、聴取者からの質問に答える番組を九か月放送）。これ以外にも、東京裁判の判決受け入れや、日本への無差別爆撃や原爆投下などへの批判禁止など、GHQの意向に沿うような言説の誘導や情報統制はありましたが、積極的な「教化」のプログラムは、事実上わずか一〇日間の新聞記事と約一年にわたるラジオ放送だけでした。

これだけのことで、果たして日本国民を「七〇年以上にわたって洗脳」することが可能でしょうか？　日本人の知的能力は、それほどまでに低いのでしょうか。

もし日本人の知的能力が標準的だとしたら、GHQのスタッフはその上をいく、日本人などまったく太刀打ちできないほどに知的に優秀な人間揃いだということになります。しかし、GHQのスタッフの大半はアメリカ人ですが、それならなぜ、第二次世界大戦後に経験した戦争において、アメリカ政府は他国の人心を完全に掌握して「洗脳」することができていないのでしょうか。

アメリカ軍は、東西冷戦で対峙《たいじ》したソ連と同様、心理戦（サイコロジカル・ウォーフェア）の研究にも力を注いでおり、ベトナム戦争（アメリカ軍の正規軍投入は一九六一～七三年）でもイラク戦争（二〇〇三年）でも、現地住民を味方につけるために心理作戦を行いました。けれども、そうした作戦は成功しないことが多く、このふたつの戦争では逆に、アメリカへの反感を高めてしまった事例が少なくありませんでした。

ベトナム戦争の時には、アメリカに反感を抱く南ベトナムの人々が北ベトナム（共産主義）

に呼応する反米ゲリラの協力者や戦闘員となり、イラク戦争の時には、アメリカに反感を抱くイラクの人々が「ＩＳ（自称イスラム国）」の協力者や戦闘員となりました。

先に紹介した文献のほか、「ＷＧＩＰ」について書かれた書物として、関野通夫の『日本人を狂わせた洗脳工作《ＷＧＩＰ》――いまなお続く占領軍の心理作戦』（自由社、二〇一五年）と続編の『いまなお蔓延《はびこ》るＷＧＩＰの嘘』（同、二〇一六年）、日本会議とも関わりを持つ髙橋史朗明星大学教授の『「日本を解体する」戦争プロパガンダの現在――ＷＧＩＰの源流を探る』（宝島社、二〇一六年）などがありますが、いずれも「ＷＧＩＰが戦後の日本人を洗脳した」、つまり日本人の洗脳に成功したというスタンスで書かれた内容です。

髙橋史朗は、同書で次のように書いています。

> 占領軍が意図したことは、日本人の中に育まれてきた美しい伝統的精神と価値体系の徹底的な組み換え、すなわち日本人の「再教育、再方向付け」をすることであった。（p.142）

彼が書いている「日本人の中に育まれてきた美しい伝統的精神と価値体系」とは、要するに「大日本帝国」の国体思想を意味します。

一方、ケント・ギルバートは『いよいよ歴史戦のカラクリを発信する日本人』の中で、GHQが戦後の日本でWGIPを行ったのは「共産党の謀略」だったと述べています。

そしてじつは、WGIPの実施者たちそのものが共産党と同根なのだ、という点を認識する必要があります。

日本弱体化を目指したWGIPは、GHQの民政局に入り込み、日本を骨抜きにする日本国憲法をつくった共産主義者たち（ニューディーラーたちを含む）が実施したものです。だからこそ、共産党が狙っていた日本の「国体」の破壊、すなわち皇室制度とそれに由来する日本人の古き良き国民性の破壊と、完全に合致していたのです。（p.23）

彼は、まるで戦中の日本人のように、「日本人の古き良き国民性」とは「大日本帝国」の思想文化であることを、「国体」という当時の言葉を用いて説明しています。

◆アメリカ人の口で語らせる「大日本帝国擁護論」の効果

第二次世界大戦期の日本政府が行ったプロパガンダ活動を研究するアメリカの歴史家バラ

ク・クシュナーの『思想戦――大日本帝国のプロパガンダ』(井形彬訳、明石書店、二〇一六年)によれば、日本政府は一九三七年に日中戦争が勃発したあと、世界中のメディアで報道された「日本軍による残虐行為」の信憑性を薄めるため、フレデリック・ヴィンセント・ウィリアムというアメリカ人ジャーナリストを金で雇い、日本側に都合のいい「ストーリー」、つまり日本軍は「中国での残虐行為に一切関わっていない」という本を書かせていました。

クシュナーは、ウィリアムが「一九三八年に『中国報道の裏で』という本を執筆することで日本のプロパガンダに加担」し、「熱心になり過ぎた布教者[当時南京にいた欧米の宣教者]が中国における残虐行為の報道を捏造したと主張」したと述べた(pp.92-93)あと、彼がアメリカ本国で裁判にかけられて有罪になった事実を指摘しています。

ウィリアムの文章は、まるで日本人が書いた文章であるかのように日本の残虐行為を否定している。しかし、彼が頻繁に銀行で預金をしているという隣人の目撃情報がきっかけとなり、彼の忠誠心とジャーナリストとしての客観性に疑問を投げかけられることになった。一九四二年六月一日、三週間の裁判の末に、フレデリック・ヴィンセント・ウィリアムはワシントンDC連邦地方裁判所にて、陰謀罪と外国代理人登記法に九点違反するとし

て、有罪判決を受けている。（p.93）

日本政府がアメリカ人のウィリアムを「思想戦の広告塔」として雇った理由は容易に推測できます。日中戦争で中立的立場をとるアメリカのジャーナリストの口から「自分は第三者的立場から状況を観察して、日本軍による残虐行為はなかったと結論づける」と、国際社会に向けて英語で発信させれば、日本政府や日本人の論客がそれを行う場合とは比べ物にならないほど、言葉の信憑性は増大します。

クシュナーによれば、当時の日本政府は日本に有利な記事を書かせるために、ウィリアム以外にも複数のアメリカ人ジャーナリストを雇用し、資金の提供を行っていました。

この歴史的事実を見て、現代の「歴史戦」でも似たような事例、つまり「日本人が書いた文章であるかのように日本の残虐行為を否定している」外国人が何人かいることを連想した人がいるかもしれません。日本政府から直接的に雇用される関係にはなくても、結果として「歴史戦」で「大日本帝国」を擁護する側に立って言論活動を行い、南京虐殺などの残虐行為を「日本軍は行っていない」と主張する外国人が存在しています。

ところが、不思議なことに、そのような外国人は見たところ、母国語でそのような情報を発信する作業をしておらず、日本国内での言論活動に留まっているようです。

◆「中国人の方が宣伝が上手《うま》い」から自分たちが劣勢なのだという解釈

戦中の「思想戦」と現代の「歴史戦」には、他にも共通する観点が存在します。

それは「中国人は日本人よりも宣伝が上手い」という前提に基づいた現状認識です。

一九三八年二月の「思想戦講習会」で「支那の抗日思想戦」という講演を行った、内閣情報部情報官で陸軍歩兵大佐の雨宮巽は、中国人の宣伝能力についてこう述べています（引用は内閣情報部『思想戦講習会講義速記』第二輯より）。

まず私共支那に十数年来関係してきた各種の体験から見ますのに、日本と支那の思想戦というか、あるいは宣伝ぶりというか、これは双方非常な差がありまして、大体支那人の方が上手じゃないかと思います。（p.274）

日本陸軍の軍事宣伝にも関わっていた小松孝彰も、一九三九年九月に上梓した『戦争と思想宣伝戦』（春秋社）で、中国人の宣伝の上手さを次のように書いていました。

支那事変における対米宣伝のヒットは、宋美齢《そうびれい》の事変直後［一九三七年］九月十一日夜南京から行った対米放送であろう。この放送はＮＢＣの短波放送網を通じて欧州ならびに全世界に放出され、米国内ではＣＢＳの放送網を総動員して全米に中継されたのである。弱者に同情する米国民に対して、蔣介石の夫人で、米国の大学で教育を受けた夫人が、流暢《りゅうちょう》な英語で、支那一流の巧みな求訴を行ったのであるから、その効果は百パーセントであった。（略）

この放送は、翌朝のニューヨークタイムス紙に再録されたのだからたまらない。対日感情は、急激にこの日から悪化したということであった。

(pp.288-289)

一方、現代の「歴史戦」では、河添恵子と杉田水脈が『「歴史戦」はオンナの闘い』の中で、同様のことを話していました。

河添　一九四二年十一月から翌年五月まで、宋美齢はルーズベルト大統領夫妻に直に招《しょう》聘《へい》されてアメリカを訪問し、いわばルーズベルト大統領のお墨つきを得た形で全土を巡回して、ニューヨークでもハリウッドでも流暢な英語で演説して抗日戦への援助を訴えました。

そのなかでとくに有名なのが、一九四三年二月十八日のワシントンDCのアメリカ連邦議会での演説です。（略）彼女の力強い演説は割れんばかりの拍手で、拍手のために途中で何回か話を止めないといけないほどの演説だったと記されています。

杉田　その演説こそが、今日の「抗日」活動につながる原点ってことですね。（pp.95-96）

また、東京基督教大学教授（刊行時）の西岡力も、中西輝政との対談本『なぜニッポンは歴史戦に負け続けるのか』（日本実業出版社、二〇一六年）で、中国人の宣伝能力の高さをこう評価していました。

それと、もう1つ、日本が反省しなくちゃいけないのは、宣伝が下手なことです。その点、蔣介石の国民党も毛沢東の共産党も、国際宣伝がうまい。排日運動では民間人に対しても暴力に訴えていますが、それがあたかも民族自決を求める運動の発露であるかのようにして、日本こそが邪悪なんだというイメージをつくっていきました。ところが、日本は日露戦争以来、何ら非合法なことはやっていないという自負があるからか、そのうち世界は真実を理解してくれるという意識がある。

（p.127）

これらに共通するのは、国際社会で自分たちの意に反する見解が広まるのは「中国人の方が宣伝が上手いから」であって、自分たちの主張内容に問題があるからではないのだ、という状況認識です。その結果、自分たちも「宣伝の能力」を磨いて、より大声で情報発信をしなくてはならない、という結論に行き着きます。

けれども、もし本当は「自分たちの主張内容」に問題が存在するから、国際社会でそれが信用されず、広まらないのだとしたら――。

主張内容を変えずに、声のボリュームを上げ続けたら、状況は良くなるでしょうか。

第五章　時代遅れの武器で戦う「歴史戦」の戦士たち

《二〇世紀前半の「プロパガンダ戦の技法」は今も通用するのか》

◆良いことは自分の手柄にし、悪いことは他人のせいにする人がどう思われるか

あなたの周りに、こんな人はいないでしょうか？

エネルギッシュで饒舌《じょうぜつ》だけれども、自分の話ばかりする。ほとんどが自慢話。人の話を聞かない。相手の立場になって考えたり、共感したりしない。

過去に失敗したこと、過去に間違ったことについては、全部他人のせいにする。

自分の面子《メンツ》を保つために、自分の非を指摘した相手を罵倒し、やりこめようとする。

ひとつでも自分の非を認めたら、自尊心が保てないと考えて頑なな態度をとる。

もし心当たりがあるなら、あなたはその人に好感を抱いているでしょうか？

この人と仲良くしたい、親しい友人になりたい、と思うでしょうか？

人間として成熟した、尊敬できる人、信頼できる人だな、と感じるでしょうか？


人と人との関係だけでなく、国と国との関係においても、基本的には変わりません。

相手にどう思われるか、第三者が見てどう思うか、という想像力や、自分の姿を第三者的な目線で「客観視」する能力がなければ、相手や第三者から信頼されたり、尊敬されたりすることはあり得ません。

自分が生まれ育った国について、良いことばかりアピールすれば、他の国から好かれるというのは、子どもじみた思い込みです。大人なら誰でも知るように、実際は逆です。

自分の言いたいことが、自分の思い通りに相手に伝わらないからといって、それを述べる声のボリュームを上げて大声にしても、効果があるわけではありません。むしろ、やればやるほど、相手や第三者からの信頼や尊敬を失います。そのことに気付かず、アピールの努力をすればするほど、相手や第三者の目は冷めたものになるでしょう。

そして最後には、相手や第三者から、嫌われてしまいます。

正しい道だと信じて行い続けた努力も、熱心に注いだエネルギーも、すべて無駄であるだけでなく、むしろ逆の効果を生んでしまったことになります。

◆産経新聞社の『歴史戦』をアメリカの学者に大量送付した日本の国会議員

二〇一五年一〇月、海外で活動する大勢の歴史学者やジャーナリストに、猪口邦子参議院議員（自民党）を差出人とする小包が届きました。

受け取った学者の一人である、アメリカ・モンタナ州立大学の山口智美准教授が、二〇一六年に刊行された『海を渡る「慰安婦」問題――右派の「歴史戦」を問う』（岩波書店、共著）で紹介しているところによれば、封筒には猪口邦子の名前と肩書きのほか、気付としてワシントンDCの「フジサンケイ・コミュニケーションズ・インターナショナル支社」の住所が記載され、中には「はじめに」で紹介した産経新聞社の『History Wars（歴史戦）』と呉善花《オソンファ》の『Getting Over It!: Why Korea Needs to Stop Bashing Japan（もう忘れろ！　なぜ韓国は日本バッシングを止める必要があるのか）』（二〇一三年に小学館新書から刊行された『なぜ「反日韓国に未来はない」のか』の英語版）の二冊、猪口邦子の手紙、そしてネット記事のコピー三点が同梱《どうこん》されていました。

不審に思った山口智美が猪口議員事務所に国際電話をかけて、猪口邦子本人に確認したところ、それは間違いなく猪口が送ったもので、「自民党の対外発信としてチームで取り組んでいるのだ」と説明しました。しかし、実際にそれがどんな効果をもたらしたかについて、山口智美は同書で次のように書いています。

これらの本を送られた歴史学などを専門とする学者やジャーナリストたちにメールなどの手段で感想を聞いてみたが、全てが批判的なものだった。例えば、「不快だ、信じられない、ひどすぎる」などのものから、「自民党と安倍政権のプロパガンダであることが明らかで学術的価値はない」「歴史研究を一切参照していない」「自民党がこうした本を送ることで、海外学者らの考えを変えられるとか、再教育できるなどと思っていることが信じられない」などのものまで。また、多くの人が書籍がいったいどういった資金を使って送られているのか、公的資金ではないかという疑問も抱いていた。（略）

これらの意見からもわかるように、海外の研究者やジャーナリストに対して、こうした書籍送付は明らかに逆効果だと言える。

（pp.126-127）

山口智美と同じく『海を渡る「慰安婦」問題』の共著者の一人である、オーストラリア国立大学のテッサ・モーリス－スズキ教授も、この小包を受け取った一人で、送られた本を読んだ感想を、同書で以下のように述べていました。

一冊目の本 *Getting Over It!* で呉善花は、韓国は歴史とその人種的性格に根差した直しがたき偏狭なナショナリズムと偏見をもつ国であって、日本は韓国を切り捨てるべきであろう、とレイシズム［人種差別思想］丸出しの主張を展開した。日本に帰化した元韓国人としての「権威」をもとに、日本の朝鮮半島植民地支配は、「朝鮮を搾取することを目的とした政策を実施せず」、「その統治に武力的弾圧を用いず」、「言論の自由制限を撤廃」したものであって、西欧の非人道的で略奪的な植民地主義とは対極に位置する、と呉善花は論じた。

まるで日本帝国による戦前のプロパガンダそのままのような主張なのだが、そのどれもが、英語圏のみならず世界中の日本およびアジアの歴史研究者たちにとっては、実証性に

乏しい、おそらく初めて耳にする種類の情報の羅列だったのではなかろうか。（p.86）

本書をここまで読まれた方なら、猪口邦子らが海外の「二〇〇〇人を越える人たち」（同、p.89）に送付した二冊の書物が、なぜ受け取った歴史学者やジャーナリストに強い不快感や嫌悪感を覚えさせたのか、その理由がすぐにわかるはずです。

ひとつは、それが自覚的か無自覚かを問わず、「大日本帝国の擁護」という結論から逆算した内容であること。ふたつ目は、それらの書物の書き手が、実証的な作業を重んじる歴史研究の手法を踏まえておらず、何十年も地道に研究を重ねてきた内外の歴史家に何の敬意も払っていないことが、文章の端々から読み取れるからです。

第一章で述べたように、過去の出来事について、その全体像を解明するために細部の事実関係を丁寧に検証していく「歴史研究」の方法論と、まず最初に「大日本帝国は悪くない」という「結論」を立て、それに合う「事実」だけを集め、それに合うように「事実」を歪曲する「歴史戦」のスタイルは、まったく対極に位置するものです。

そして、真摯な歴史学者が最も嫌うのが、結論先行で都合のいい断片的な事実を全体の文脈とは無関係につないで「見せかけの歴史解釈」を創り出し、受け手を平然とあざむく、「歴史戦」の定番とも言えるやり方です。

《人権侵害や戦時性暴力の否定という現代的な視点の欠落》

◆南京虐殺や慰安婦問題の根底にあった「大日本帝国」の「人権軽視」

例えばフィギュアスケートのような、審判の採点が結果を大きく左右するスポーツ競技において、高得点を得てメダルを獲得するためには、その時点での審判の「採点基準」を徹底的に研究することが必要になります。

どれほど観客を魅了する技を成功させても、どれほど難易度の高い技を成功させても、それが審判の採点基準において高得点の対象と見なされていなければ、それは結果にはつながりません。

けれども、「歴史戦」の論客や媒体は、自分たちの情報発信が、実際にはどのように相手国の中国や韓国、およびアメリカなどの第三国に住む人々に受け取られているのかを、ほとんど研究していません。日本国内で展開する「歴史戦」の言説が、相手国や第三国の人々が持つ価値観や思想、文化に合致するかどうかについて、客観的な視点で精査・吟味することをせず、自分たちの主張は正しいという前提でそのまま発信しています。

その結果として発生するのが、先に紹介した「猪口邦子議員による書物送りつけ事件」のような、かえって日本の印象を悪くするという逆効果の行動です。

言い換えれば、現代の「歴史戦」の論客は、本書の第三章で紹介した、陸軍省軍事調査部が一九三四年に作成したパンフレット『思想戦』における「二　中立国に対する宣伝」と同様の発想で、「大日本帝国」の名誉を守るための「宣伝戦」を繰り広げていますが、それが実際に有効かどうかの検証はほとんどしていない様子です。

例えば、なぜ戦時中の「慰安婦」が、国際社会において、直訳の〝Comfort women〟でなく〝Sex slaves〟（性奴隷）と呼ばれるのか、「歴史戦」の論客は第三者的視点で考えてみるという態度をとりません。あれは「慰安婦」であって「性奴隷」ではない、という主観的で一方的な主張を繰り返すだけです。

英語圏においては、〝Comfort women〟という言葉は「第二次世界大戦中の日本軍による性的奴隷状態（sexual slavery）にあった女性や少女」や「日本軍人への売春を強制された女性や少女」を指す意味でしか使われていない固有名詞です。軍人相手の娼婦を指す一般的な用語として、この言葉が用いられることはありません。

そして、女性の人権が尊重される文化圏では、ただ男性軍人の性欲を満たすために、軍の管理下にある施設で意に反して毎日性行為をさせられる女性を"comfort"（慰安、快適）という「それを利用する男性目線」で呼ぶことに、強い抵抗感と嫌悪感を覚えます。現状では、そうした境遇の女性を呼び表す言葉として"Comfort women"と"Sex slaves"のふたつしかなく、どちらかを使わざるを得ないとしたら、当然後者を選びます。

また、権威主義的な性格の人間は、歴史的な問題を論じる際、当時使用されていた公式な語句を「権威化」し、実質的にその語法がふさわしいかどうかとは無関係に、その語句だけを「使用していい言葉」と見なします。けれども、民主主義国のジャーナリズムは、特定の公式名称を過剰に「権威化」せず、形式ではなく実質で、一番ふさわしいと考える言葉を用います。その結果として、完全な自由意志の娼婦とは言えない「男性軍人との性行為専用の女性」を呼び表す言葉として"Comfort women"と"Sex slaves"の二種類しかなく、どちらかを使わざるを得ないとしたら、実質により合致している後者を選ぶでしょう。

もうひとつ、この問題で"Sex slaves"という言葉が諸外国で違和感なく受け入れられている理由として考えられるのは、同じ第二次世界大戦中に日本軍が連合軍の捕虜に対して行った虐待や拷問、強制労働などの非人道的な行為の事例が、書物や映画などを通じて、世界に広く知れ渡っているという事実です。

とりわけイギリスやオーストラリアでは、日本軍の捕虜収容所で受けた凄《すさ》まじい拷問を多くの元軍人が語っており、第一章で述べた泰緬鉄道建設の強制労働や、戦争序盤にフィリピンで起きた「バターン死の行進」（日本軍に降伏したアメリカ兵とフィリピン兵が捕虜収容所に向けて一〇〇キロ以上も歩かされ、最低でも五〇〇〇人、最大で一万八〇〇〇人が死亡）なども、「大日本帝国」の軍人が人命や人権を著しく軽視し、捕虜の扱いに関する国際条約（ジュネーブ条約）を守らなかった事例として批判されています。

こうした予備知識を踏まえた上で、「慰安婦」の問題を第三国の人々が知れば、彼女らの置かれた環境が「慰安」という牧歌的な言葉で表現するのにふさわしい人道的なものだったと考える人は、きわめて少ないであろうことは容易に想像できます。

連合軍の捕虜や東南アジアで徴用・募集した労務者（第一章を参照）に対して、人権を著しく無視した非人道的行為を平気で行っていた日本軍人、特攻や玉砕などの自殺的な行動を部下に行わせていた日本軍人が、「慰安婦」に対してだけ例外的に、人権を尊重する人道的な待遇をしていたとは、想像できないからです。

◆「ライダイハンはどうなのだ」という「言い返し」の効果

こうした、自分の行動が「第三者の目にどう映るか」が欠落した別の事例として挙げられるのが、「歴史戦」の論客による「ベトナム戦争時の韓国軍による非人道的行為」を相手への「反撃」として持ち出すやり方です。

杉田　二〇一三年秋には日本維新の会の党内で「歴史問題検証プロジェクトチーム」が立ち上がり、その事務局長に就任しました。このプロジェクトチームでどのように検証を進めていくかを議論していたときに、顧問の山田宏先生からこんな話が出ました。「慰安婦問題で直球を投げるだけでは上手くいかないだろうから、一回、変化球を投げて攻めるのはどうか」と。その変化球とは、「ベトナム」のことでした。ベトナム戦争当時の韓国軍の蛮行とか、ライダイハンの問題とか、そういった調査をしにベトナムへ行こうという提案だったのです。週刊誌などがとりあげる前のことです。

河添　ライダイハンって、韓国軍兵士らがベトナム戦争中に現地ベトナム人女性に強姦など性的交渉をすることでデキちゃった、いわゆる混血児のことですね。

（河添恵子、杉田水脈『「歴史戦」はオンナの闘い』p.108）

ここで名前の出た山田宏も、現在自民党に所属する参議院議員で、第一章で引用したように、二〇一七年に「南京攻略戦に参加した日本兵や、当時南京にいた日本人からの虐殺証言はゼロである」という事実に反するツイートを投稿していた人物ですが、二〇一三年の時点では、杉田水脈と同じく、日本維新の会の所属議員でした。

その現職国会議員が言う、慰安婦問題で「変化球を投げて攻める」とはどういうことなのか。杉田水脈は、その言葉に込められた意味を、次のように説明しています。

杉田　二〇一五年十月には二度目のベトナム取材を決行、軍事ジャーナリストの井上和彦氏の取材ツアーに参加しました。我々一行は、虐殺が行われたベトナム中南部クアンガイ省を訪ねました。（略）南ベトナムの首都であったホーチミンでは、韓国軍がベトナム戦争中に設置していた「慰安所」についても調査しました。

（同、pp.111-112）

日本軍の慰安婦問題に関する事実関係を検証する上で、ベトナム戦争中における韓国兵の行動をいくら調べても、何の意味もありません。そんな調査をいくら重ねても、日本軍の慰安所や慰安婦に関する事実の解明には、まったく寄与しないからです。

しかし、日本軍の慰安婦問題を追及する韓国人を「黙らせる」ことが目的であるなら、こうした「戦術」が有効だと考える余地があります。現代の「歴史戦」には、「大日本帝国」対「それを批判する内外の勢力」という、敵と味方の単純な認識に基づく「勝ち負けを競う論争ゲーム」の側面があり、歴史研究ではないからです。

ベトナム戦争時の韓国軍の強姦や「慰安所」を持ち出せば、韓国人は「痛いところを突かれた」と動揺し、日本に対する慰安婦問題に関連する批判を緩めるかもしれない。山田宏や杉田水脈は、そのように考えて「変化球で攻める」のが有効だと考え、本書でも何度か触れた井上和彦とともに、現地取材を行ったとあります。

こうした光景を見て、何か気付くことはありませんか？

日本軍の慰安婦問題で、心身の苦難を味わわされた被害者は、女性です。

また、ベトナム戦争時に韓国軍人に強姦された被害者も、女性です。

そして両方とも、男性兵士による女性への「戦時性暴力」に分類される問題です。

ところが、国会議員である山田宏や杉田水脈は、これを「日本対韓国」の「勝ち負けを競う論争ゲーム」という文脈で、相手に勝つ戦術として、ベトナム戦争時の韓国軍の強姦や「慰安所」を持ち出すという態度をとっています。

そこには、人間の尊厳を蹂躙する理不尽な「戦時性暴力」の被害者となった、大勢の女性への同情や思いやりの感情は見られません。被害者は「国籍を越えた女性」であるというのが、国連をはじめとする現代の国際機関での「戦時性暴力」の認識ですが、国会議員である山田宏や杉田水脈は、そうした時代の変化に気付いていないのか、あくまで「国対国」の問題であるかのような図式で、この問題に対処しようとしています。

河添恵子と杉田水脈も、この問題を「男性兵士による女性への戦時性暴力」という観点から見ようとせず、ただ「韓国への言い返しの材料」として利用しています。

また、「正論」二〇一四年七月号も「歴史・外交・安保　中国・韓国への反転大攻勢」と題した特集の中で、「シンクタンク戦略大学」主宰の北岡俊明と神奈川大学名誉教授の北岡正敏による「「慰安婦」を言う資格なし！　韓国のベトナム大虐殺を告発する」という取材記事を掲載していましたが、そこには次のような文章が書かれていました。

今回の調査の目的はただ一つ、韓国の対日侮蔑や、日本を貶しめる行為を、即刻、中止

させるためである。　（p.80）

二人の筆者は、記事の最後で「韓国の大量虐殺事件を英文に翻訳してアメリカで出版する」ことや「韓国大使館の前に『ベトナム人虐殺の像』を設置する」ことなどを、今後の活動計画として挙げていますが、殺されたベトナム人被害者の無念に寄り添う感情は見られません。ただ「韓国への反撃に使える材料」として、利用しているだけです。

そんな行為に熱中する日本人の姿が、第三者の目にどう映るか。少し想像力があれば、すぐにわかることです。

そもそも韓国兵がベトナム戦争時にベトナム人の虐殺を行ったのが事実だとしても、それを理由に「慰安婦問題」における韓国人慰安婦の精神的・肉体的苦痛を無視してよいということにはなりません。

◆「慰安婦像」を理由にサンフランシスコ市との姉妹都市提携を解消した大阪市長

二〇一八年一〇月五日、イギリス公共放送BBCの日本語ネット版は「大阪市、米サンフランシスコ市との姉妹都市解消　「慰安婦」像めぐり」という記事を掲載しました。

米サンフランシスコ市のロンドン・ブリード市長の事務所は3日、日本の大阪市の吉村洋文市長から姉妹都市関係解消を通知する書簡を受け取ったと発表した。像は第2次世界大戦中に日本軍兵士の性奴隷として働くことを強いられた女性を象徴しており、大阪市は設置撤回を求めていた。

大阪の吉村市長は、「慰安婦」像が「両市の信頼関係を破壊」したと述べた。

杉田水脈や山田宏が在籍した「日本維新の会」の母体で、現在は同党の大阪府総支部である「大阪維新の会」のメンバーでもある吉村洋文大阪市長が、姉妹都市解消の理由として挙げた「慰安婦像」とは、カリフォルニア州のサンフランシスコ市内の中華街にあるセント・メリーズ公園に、二〇一七年九月に市民団体が設置したものでした。その二か月後、像がサンフランシスコ市に寄贈され、市の公共物に認定されると、吉村市長は即座に「姉妹都市関係解消の意向」を示しました。

BBCの記事は、先の文に続いて「像は、朝鮮半島と中国とフィリピン出身の若い女性3人が手をつなぎ円を描く様子を描いている」と紹介したあと、「軍用買春宿では第2次大戦中、約20万人の女性が働かされていたと推計されている」と述べています。また、像の土台にある碑文には「この記念碑は、一九三一年から一九四五年まで日本軍によって性奴隷にされ、『慰安婦』と呼ばれたアジア太平洋地域十三カ国にわたった何十万人の女性と少女の苦しみを表しています」と記されていることも紹介しました。

大阪市の経済戦略局立地交流推進部は、同市公式サイトの「市民の声」に答えるページで、「大阪市長はなぜ姉妹都市提携解消という国益を損なうような決定をするのか」という質問に対する回答を、二〇一八年八月一日付で次のように公表しました。

サンフランシスコ市は、歴史研究者の間でも議論がわかれ、日本国政府の見解と異なる慰安婦の数、旧日本軍の関与の度合い、被害の規模など不確かで一方的な主張をあたかも歴史的事実として記した碑文とともに慰安婦像を、市有地に、市の意思として設置しました。そのため、強固な信頼関係に基づくべき姉妹都市関係が根本から崩れる事態に至ったので、本市は（略）姉妹都市提携を解消する旨決定しました。

吉村市長は、この説明を含む解消理由を記した一〇ページの書簡を、サンフランシスコ市初の黒人女性市長でもあるブリードに送付しました。それに対し、ブリード市長は一〇月四日付で公表した声明で、六〇年以上も続いた姉妹都市提携は「両市の市民の間」で成立しているものであり、それを一人の市長が一方的に終わらせることはできないと述べた上で、市の「慰安婦像」は「奴隷化や性目的の人身売買に耐えることを強いられてきた、そして現在も強いられている全ての女性が直面する苦闘の象徴」であるとの考えを示しました。

また、ブリード市長はこの声明で、大阪市との姉妹都市提携は「両市の市民の間」で引き続き継続しているとの認識を表明しました。

大阪市による「慰安婦問題を理由とした姉妹都市提携の解消」という決定は、吉村洋文大阪市長の名前とともに、ＢＢＣ以外にもアメリカの「ニューヨーク・タイムズ」やＣＮＮ、イギリスの「ガーディアン」、フランスのＡＦＰ、アラブ圏のアルジャジーラなど、世界中のメディアで報道され、大阪市がサンフランシスコ市の「慰安婦像」を問題視しない場合よりも、「大日本帝国」時代の日本軍による非人道的行為が国際的に宣伝される結果となりました。

このニュースを読んだ世界各国の人々は、どんな印象を受けたでしょうか。

これも、自分たちの姿が第三者の目にどう映るのか、それが全体としてどんな効果をもたらすのかを客観視する能力の欠如を示す事例のひとつだと言えるかもしれません。

《人種差別や人種的偏見の思想と「歴史戦」の親和性》

◆「議論がわかれている」という事実を利用したトリック

大阪市が「慰安婦像」に関する質問への回答で書いているような、「歴史研究者の間でも議論がわかれ」ていること、被害者の人数や実情が「不確か」であることを理由に、特定の過去の出来事を「事実である」と認めることを留保する手法は、「歴史戦」の言説でもよく使われるトリックです。

南京虐殺にせよ、慰安婦問題にせよ、被害者の人数を正確に特定することは、現時点では誰にもできていません。その理由はいくつか存在しますが、最も重要かつ決定的と思われる理由は、「大日本帝国」が戦争に負けた時、自国に不利な証拠となる記録はすべて廃棄せよとの命令が陸海軍や関係各省庁のさまざまなレベルで出され、歴史的に重大な意味を持っていたはずの厖大な記録文書が、燃やされて灰になってしまったことでした。

言い換えれば、南京虐殺や慰安婦問題の正確な被害者数が今もなお特定できていないことの責任は、まず第一に、関係記録を廃棄した「大日本帝国」にあります。

この重要な事実を、意図的に、あるいは無意識的に見落とし、あたかも不可抗力のようなイメージで「歴史研究者の間でも議論がわかれ」ているなどと論じるのは、実質的には「大日本帝国」の証拠隠滅を擁護して、責任の所在をうやむやにする行為です。

もし、ある出来事に関係するさまざまな記録がすべて保存されており、その記録だけで全体像の説明がつくという状態であれば、特定の数字に「信憑性があるか、ないか」を合理的に評価することが可能です。けれども、「大日本帝国」は自国に不利な事実が明るみに出て戦後に責任を問われることを避けるため、そうした記録を廃棄しました。

そんな事実の空白を「大日本帝国」が意図的に作ってしまった以上、研究者によって一定の幅が生じる被害者数の推定において、第三者的な立場の研究者や国民が「大日本帝国に不利な数字」を事実と見なすことを批判する資格は、日本人にはありません。

それでもあえて「その数字は信憑性がない」と主張するなら、意図的に廃棄された記録の復元や、存命の関係者への聞き取り、当時の命令系統や関与組織の特定など、出来事の全体像を事実に基づくかたちで再構築する必要があります。ところが、日本政府は今までのところ、そうした作業を明確な形でしておらず、「歴史戦」の論客も全体の一部については細々とした反証を出す一方、全体像の再構築という、より重要な作業はしていません。

そうした態度は、関係記録を焼却した「大日本帝国」の関係者がそこに込めた意図を汲《く》み取り、彼らの「努力」を無駄にせぬように、今もなお「大日本帝国」への責任追及を阻止する作業を続けている「大日本帝国の残存兵」のようにも見えます。

また、個々の事実を徹底的に検証する実証的な歴史研究の手法で導き出された結論と、特定の国や政治体制を擁護する意図に基づいて恣意的に創り出された「結論らしきもの」は、当然のことながら、同列で語られるべき同次元の情報ではありません。

中立という概念を、見かけ上の「公平さ」という意味で捉えてしまうと、前者と後者の言い分に平等に耳を傾ける「両論併記」の手法が、客観的かつ理性的な態度のような錯覚に陥ってしまいますが、それは大きな、そして危険な間違いです（図7）。後者は無責任な素人でも面白半分に創れるものですが、前者は専門的なルールに従って行うプロの仕事です。

逆に言えば、前者と後者が対等に「両論併記」できるかのような錯覚を社会で生じさせれば、後者の意図で「結論らしきもの」を創り出した人間にとっては「大勝利」です。

自分が不都合だと思う特定の歴史的な出来事について、それは起きていないと「否定」できなくても、その出来事についての人々の認識を混乱させ、歴史家の語る言葉に「異論もある」

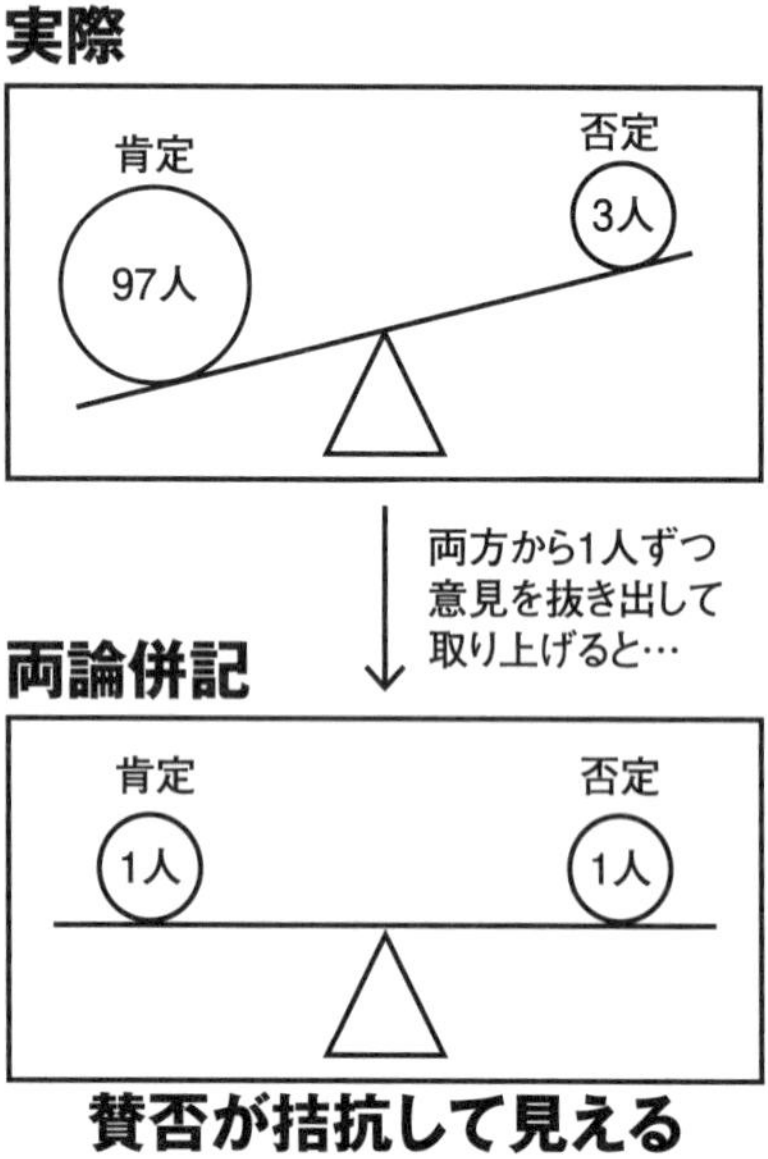

図7　両論併記のトリック

というレッテルを貼って信憑性を揺るがせ、何が事実なのかわからないという人を社会に増やせば、それは結果として、特定の歴史的な出来事を実質的に「否定」したのと同様の効果が得られるからです。

　歴史問題についての無責任な「両論併記」は、本来なら違う次元で区別して考えるべき「事実」と「政治的思惑」を混ぜこぜにして、社会がそこから読み取るべき情報の純度を低下させるという意味において、きわめて危険で無責任な態度だと言えます。

◆「歴史戦」の根底に渦巻く「中国人・韓国人蔑視」の人種差別的価値観

過去の歴史についての認識をめぐる議論を「戦い」と見なし、形式的には「日本の名誉を守る」としながらも、実質的には「大日本帝国の名誉を守る」という方向性に沿って行われる「歴史戦」ですが、その論客の著作を読んでいると、彼らが「敵」と見なす韓国人や中国人に対する「蔑視」や「差別的感情」をうかがわせる文章が目につきます。

杉田　政治の世界だけでなく、一般社会でも韓国人は賄賂を使うと現地［アメリカ・カリフォルニア州グレンデール］の方に聞きました。（略）

河添　韓国の賄賂文化は中国の猿真似《さるまね》だと思いますが、そういう話は私も韓国で何度か聞きました。

（『「歴史戦」はオンナの闘い』pp.116-118）

杉田　韓国人の考え方こそ理解できません。現在も主な輸出品は「売春婦」。（略）

河添　売春宿の経営が好きなのも、中国系や韓国系の黒社会でしょ？

（同、p.128）

理性的に考えれば、賄賂を使う人間や売春する人間、売春宿を経営する人間など、日本を含めてどの国にもいるという事実を理解できるはずですが、こうした差別と偏見の思想を、河添恵子と杉田水脈は、ごく当たり前のように語っています。

ケント・ギルバートも、同様の差別と偏見の思想をうかがわせる記述をしていました。

お笑い芸人がウケ狙いで話を大げさにすることはよくありますが、韓国人や中国人は話をするたびに犠牲者の人数を増やす習慣があります。失われた命の数の話ですから、私なら一人単位まで正確に出したいですが、彼らにはその感覚がまったくない。自分たちの記憶力が悪いから、他人の記憶力も悪いはずだと考えているのでしょうか。本当に脳疾患ならお気の毒ですが、呆《あき》れてしまいます。

(『まだGHQの洗脳に縛られている日本人』p.108)

ケント・ギルバートは『やっと自虐史観のアホらしさに気づいた日本人』で「私は長年、『米国カリフォルニア州弁護士』という肩書を名乗っています。それは三十五年以上も、カリフォルニア州弁護士会に会費を納めつづけていることを意味します」(p.68)と書いています。けれども、もし彼が本当に国際的な感覚を持つ弁護士であれば、こうした人種差別や人種的偏見の言説が、現在の国際社会でどれほど激しい反感や嫌悪感を引き起こすかを、理解しているはずです。

人種差別や人種的偏見の思想を内面に持つことが明らかな人物が、国際社会に向けて意見を発信しても、同様の差別的思想を共有する人間を別にすれば、受け手に対する説得力はほとんどありません。その意見の根底には、対象となっている国や国民に対する差別や偏見の感情があるのだろう、と理解されるからです。

例えば、杉田水脈は『「歴史戦」はオンナの闘い』の中で「中国や韓国が日本を貶めるために戦争犯罪を捏造し、教育からすべて変えようとしているなんて、世界の多くの国々はわかっていないし、知ったとしても理解できないでしょう」(p.49)と述べています。しかし、そんな意見を述べる杉田水脈自身が「もともと中国人や韓国人に対する差別と偏見の感情を心の中に持つ人物だ」と受け手に知られれば、彼女がいくら海外に向けて情報を発信しても、ただの「差別主義者の悪口」として片付けられてしまいます。

これも、自分たちの姿が第三者の目にどう映るのかを客観視する能力の欠如を示す事例のひとつだと言えるでしょう。

◆「日本は『東西冷戦』の戦勝国で中国は敗戦国だ」という逆転の発想

他国を蔑視する差別や偏見の思想は、健全な「誇り」とは異質な、夜郎自大や唯我独尊を土台とする「自国優越思想」の裏返しでもありますが、そんな屈折した自尊心は、本当なら日本人は自国をもっと誇ってもいいはずだ、という自意識に転化します。

西岡力は、先に触れた中西輝政との対談本『なぜニッポンは歴史戦に負け続けるのか』の冒頭で、「まえがきにかえて~冷戦勝利史観で自虐史観を乗り越えよう~」という文を書いていましたが、その中に次のような一節がありました。

「戦後」というなら、一番近い戦争を起点とすべきであり、それはわが国が敗戦した第2次世界大戦ではなく、その後、始まった第3次世界大戦というべき「冷戦」こそが起点となるべきで、そう考えると1991(平成3)年にソ連が崩壊したときを起点に、第1次冷戦勝利25周年を区切りにして歴史を振り返るべきだ。(p.1)

日本、つまり「大日本帝国」は第二次世界大戦の敗戦国となったが、その後に国際社会を二分した、ソ連とアメリカの東西超大国を二極とする「東西冷戦」では、日本が属していた「西側」が勝利したのだから、日本は「敗戦国」ではない、という主張です。

そして西岡力は、先の文章をこう続けています。

自由民主主義陣営は25年前に勝利した。ソ連と東欧は全面的に負けて崩壊した。（略）日本は25年前、冷戦に勝った。米国やEUとともに日本は戦勝国だ。中国は半分負けた。70年前、日本と戦って勝ったのは中華民国であって中国共産党ではない。その上、冷戦では、中共は負けた側だ。彼らが今になって70年前、米国といっしょに日本と戦って勝ったなどと宣伝していることは、おかしい。一番近い戦争における勝者は米国と日本で、中共は敗者の側にいた。（p.2）

ここに見られるのは、日本が「敗戦国」として扱われ続けることへの屈辱感と、そこから早く脱却したいと願う感情ですが、「日本は戦勝国だ」「中共は負けた側だ」という言葉が示すように、日本と中国の「勝敗関係」を逆転させたいという、中国に対する強烈な「ライバル視」が込められているようにも見えます。

けれども、実際には第二次世界大戦中の中国で、共産党系の第八路軍と新四軍は国民党軍の正規軍として日本軍と戦っており、中国共産党は戦勝国を名乗る資格がないという認識は、事実に反しています。もし、政治体制の変化によって「戦勝国を名乗る資格」を失うのであれば、現在のロシアも「戦勝国ソ連の継承国」としての資格を失うことになります。

一方、ケント・ギルバートは『いよいよ歴史戦のカラクリを発信する日本人』の中で、戦後の日本人はなぜ「大国意識」を持たないのかと、次のように疑問を呈しています。

日本人が「大国意識」を持てないのは、GHQが進めたWGIPによって「日本は悪い国だ」という自虐史観を植えつけられた影響もあるでしょう。（p.197）

この文にも、違和感を持たれた方は多いのではないでしょうか？

戦後の「日本国」は史上空前の経済的発展を遂げ、文化や芸術、科学研究やスポーツなどの幅広い分野で、日本人が卑下することなく堂々と活躍してきました。

ケント・ギルバートの言う「大国意識」が何を指すのか、この文脈では判然としませんが、一九七九年にアメリカの社会学者エズラ・ヴォーゲルが著した『ジャパン・アズ・ナンバーワン』（邦訳はTBSブリタニカ）は日本国内で七〇万部のベストセラーとなり、世界的企業ソニーの創業者の一人である盛田昭夫も一九八九年に『「NO」と言える日本』（石原慎太郎との共著、光文社）を上梓して、日米で一五〇万部を超えるベストセラーになるなど、特に一九七〇年代から一九八〇年代の日本国内では「日本が世界のトップクラスの国になった」という自信と優越感が満ちていました。

そんな時代を記憶している世代に、戦後の日本人が「大国意識」を持っていたかと問うてみれば、イエスだと答える人が多いはずです。

けれども、「大日本帝国イコール日本」という思考に囚われた人間から見れば、いくら経済や文化などの分野で日本人が大活躍していたとしても、「大日本帝国」時代を否定的に評価されている限り、屈辱と自虐の時代にしか映りません。

《「敵」か「味方」かで問題を判断する思考形態の危険性》

◆国際関係の認識をも歪ませる「歴史戦」型の思考形態

本書でここまで述べてきたように、過去の歴史についての認識をめぐる議論を「戦い」と見なす「歴史戦」の言説では、主要な「敵」を「中国」あるいは「中国と韓国」と位置づけてきました。例えば、産経新聞社の『歴史戦』は、第七章のタイトルとして「『主戦場』は米国、

『主敵』は中国」という言葉を掲げ、次のような認識を書いていました。

　慰安婦問題は今や米国が主戦場になっている。２０１０年以降、米国では相次いで慰安婦碑や慰安婦像が設置されており、その動きは止まらない。カリフォルニア州サンフランシスコのチャイナタウン（中華街）で慰安婦像の設置計画が始動したことも判明した。計画が実現すれば中国系による初の設置となるが、これが意味するのは、慰安婦問題ではこれまで韓国系の背後にいた中国系がついに表に出てきたことだ。中国系はかねてから中国共産党や中国政府とのつながりが指摘されているが、やはり日本の〝主敵〟は中国なのだ。
(p.192)

　この説明で興味を引かれるのは、「今や米国が（「歴史戦」の）主戦場になっている」という産経新聞の「歴史戦チーム」の認識です。
　先述したサンフランシスコ市のブリード市長の「奴隷化や性目的の人身売買に耐えることを強いられてきた、そして現在も強いられている全ての女性が直面する苦闘の象徴」という説明が示す通り、アメリカ国内で「慰安婦像」が次々と設置され、容認されている理由は、それが民主主義国で共有されている普遍的価値、すなわち人権尊重という理念に関連するものだと理解されているからです。

言い換えれば、アメリカの市民や地方自治体は、この「慰安婦像」について、特定の国が別の国を政治的に攻撃するものだとは認識していません。日本国内では、「慰安婦像」をめぐる動きを「日本対韓国」の図式で報じるメディアが多いですが、アメリカでの認識は、女性の人権という、日本では今も軽視されがちな観点に重点が置かれています。

けれども、産経新聞はそうした普遍的価値に着目する代わりに、これを「アメリカを戦場とする中国の日本攻撃」という単純な構図で捉え、その攻撃にどう応戦するかという観点から、「敵」の中国に対する国家レベルでの「反撃」が必要だと説いています。


米国内でのこうした「歴史戦」に対し、日本は国家、国民が結束して反撃することが必要だといえよう。その戦いの帰趨《きすう》は日本の命運を左右することにもなりうるからである。

(p.219)


本来なら俯瞰的に認識すべき国際関係を、「歴史戦」という狭い枠内の図式に当てはめて解釈する産経新聞の姿勢は、一般的なジャーナリズムとは異質な態度です。

二〇一七年二月一七日付「産経新聞」朝刊の「正論」コラムでは、井上和彦が「同盟強化が歴史戦を封じ込める」というタイトルで、日本がアメリカとの同盟関係を今よりもさらに強化することが、中国が日本に仕掛ける「歴史戦」への有効な対抗手段になるという趣旨の原稿を書いていました。

大東亜戦争で熾烈《しれつ》な戦いを演じた日米両国が、戦後は和解し、強固な同盟関係を結ぶに至ったことを［安倍首相の二〇一五年四月の米議会での演説と二〇一六年一二月のハワイ真珠湾での演説で］世界に発信したのである。

これは昨年5月に広島を訪問したオバマ大統領も同じだった。ただしオバマ大統領のスピーチにも安倍首相のそれにも〝謝罪〟の言葉は盛り込まれなかった。これについて違和感を覚えた人もいただろうが、それは日本に対し、執拗な歴史戦を挑んでくる中国へのメッセージであったことも忘れてはなるまい。

戦中の「思想戦」を指導した内閣情報部などが、当時の「大日本帝国」と対立するあらゆる動きを「コミンテルンが日本に仕掛けている思想戦攻撃」と解釈してしまう思考の陥穽《かんせい》に落ちていた事実を第三章で解説しましたが、現代の「歴史戦」の論客も、日米関係などのあらゆる国際関係を「中国共産党が日本に仕掛けている歴史戦攻撃」という図式で解釈する、思考の陥穽に落ちているようにも見えます。

そこでは、アメリカ合衆国の大統領が発する言葉にも、中国に対する「歴史戦」という主観的解釈に基づく「言外の意味」が付加されます。井上和彦によれば、安倍首相の真珠湾訪問とオバマ大統領の広島訪問の意義は、次のようなものでした。

日米両国首脳は昨年、大東亜戦争の最初と最後の象徴の地を相互訪問し、恩讐《おんしゅう》を乗り越えて真の和解を成し得た。これは、中国の対日歴史カードの効力を著しく低下させたといってよかろう。

一読してすぐ気付くように、井上和彦は何の留保もなしに先の戦争を「大東亜戦争」と呼び、産経新聞もそのまま掲載しています。第二章で述べた通り、戦前と戦中の「大日本帝国」の価値観や思想体系を今も継承する人間は、「大日本帝国」時代に使われた言葉を用いることで、自分が当時の価値観や思想体系を継承していることを仲間に示します。

奇妙なことに、「歴史戦」の論客は皆、現在の同盟国であるアメリカ政府も、そうした価値観を自分たちと共有していると思い込んでいます。

しかし、先の戦争を「大日本帝国の敵」として戦ったアメリカの、地球規模での戦略的判断を日々下している大統領が、先の戦争を「大東亜戦争」と呼ぶ日本人を信用するかどうか、南京虐殺や慰安婦問題を矮小化したり否認する人間を自分の味方と見なすかどうか、そしてアメリカにとっても重要な戦略的パートナーとなりうる中国を「無条件の敵」と見なすかどうかは、第三者的な視点で考えればすぐわかることです。

◆沖縄基地問題でも「中国が裏で糸を引いている」と考える「歴史戦」の論客

思考が「歴史戦」における「敵と味方」の図式に支配されてしまうと、国内の政治問題についても、「歴史戦」で価値観を共有する現職総理大臣に従わない人間や、その政権が進める政策を批判する人間は、実際の思想信条や帰属集団とは無関係に「左翼」「反日」あるいは「中国の手先」という「思い込み」でしか認識できなくなります。

ケント・ギルバートは『まだGHQの洗脳に縛られている日本人』の中で、「『日当二万円+

送迎・弁当付き』の沖縄反基地運動」という小見出し（p.136）とともに、沖縄で在日米軍基地の建設に反対する沖縄県民を「金で雇われた中国の手先」と決めつけるような文章を書いていました。

> 沖縄では反基地闘争がますます盛んになっており、その背後にはＰＲＣ［中華人民共和国］の影が見え隠れしています。
> 以前から沖縄は、ＰＲＣなどの反日外国勢力が浸透しやすい素地を多く持っています。
> （p.137）

彼は、具体的な証拠を何ひとつ挙げることなく、沖縄の「反基地闘争」の背後には「中国の影が見え隠れしている」という自分の印象を述べたあと、沖縄の県議会議員が中国政府に取り込まれているかのような憶測を、次のように書いています。

> 実際に多くの沖縄の県議会議員らもＰＲＣに抱き込まれており、沖縄の県議会議員には、中国本土に行くと破格の高待遇を受け、なかには北京の迎賓館で国賓待遇を受ける人もい

るといいます。

(pp.139-140)

実際に辺野古にあるアメリカ海兵隊基地(キャンプ・シュワブ)のゲート前に行けば、反対運動を根気強く行ってきたのが、地元の市民であることがわかりますが、思考が「歴史戦」における「敵と味方」の図式に支配されてしまうと、「歴史戦」で価値観を共有する政権にとって不都合となるあらゆる出来事が、すべて「中国共産党」の仕業であるようにしか思えなくなります。

そしてケント・ギルバートは、同書の中で、さらに驚くような話を書いています。

また、大手メディアでは報道されませんし、私もまだ裁判で立証できるほどの物証を握ってはいませんが、辺野古移設に反対する運動をやっている人たちに対してかなりの資金が出ているようです。いわゆる「プロ市民」と呼ばれる反対運動専門のサクラを、お金で雇っているわけです。真実であれば、間違いなくPRCが資金を拠出していると見てよいでしょう。

噂では、移設反対運動に参加すれば、日当は一口二万円ということです。

(p.140)

前記した通り、ケント・ギルバートは「米国カリフォルニア州弁護士」を名乗る人物ですが、「まだ裁判で立証できるほどの物証を握ってはいない」にもかかわらず、伝聞と憶測だけで、基地反対運動の参加者を「中国に金で雇われた人間」であるかのように書き、「日当は一口二万円」という金額まで挙げて、あたかも基地への反対運動が「中国政府が背後で糸を引く謀略」であるかのような「ストーリー」へと受け手を誘導しています。

彼の行動は、物証に基づかない発言は控える一般的な弁護士とは異質な態度です。

◆嘘をつく・デマを流すことに対する罪悪感の消失

井上和彦も、二〇一七年一月二日に東京MXテレビが放送した「ニュース女子」という番組の中で、先に紹介したケント・ギルバートの記述と同様の内容を含む「現地取材」の成果を公開していました。

沖縄の地方紙のひとつ「沖縄タイムス」は、二〇一七年一月一二日付朝刊の社説でこの番組を取り上げ、以下のような文面で厳しく批判しました。

東京のローカル局、東京MXテレビが2日に放送した報道バラエティー番組「ニュース女子」で、高江へリパッド建設問題を取り上げた。反対する人たちの声は1人も流されないまま「カメラを向けると襲撃に来る」「テロリストみたい」などと表現。「反対派の中には韓国人はいるわ、中国人はいるわ」と人種差別につながる発言があった。（略）

番組は「マスコミが報道しない真実」と題してジャーナリストの井上和彦氏の取材ビデオが流され、スタジオでゲストらが意見を述べ合った。ビデオでは「光広」「2万」と書かれた出所不明の茶封筒を示し、高江で反対する人は「日当をもらっている」と決めつける。（略）

そもそも、この番組には、なぜ、沖縄の人たちが辺野古や高江で抗議活動をせざるを得ないかの根本的な視点が欠けている。

沖縄で、平穏な市民の暮らしを脅かす外国軍の基地建設や拡張に反対する市民運動が、なぜ一方的に「左翼」や「反日」、「中国共産党の手先」などと決めつけられ、すさまじい罵倒の言葉を浴びせられるのか。

ネット上で「沖縄へイト」とも呼ばれる、この不可解な現象も、「思想戦」から「歴史戦」

へという系譜を踏まえ、そこで信じられている「コミンテルン／中国共産党の謀略」という「ストーリー」を通してみれば、彼らが「歴史戦」の延長戦としての「新たな沖縄戦」を、主観的には「日本を守るため」と考えて行っていることがわかります。

沖縄県民に対する心ない誹謗中傷やデマの流布を、安倍政権に近い人々、「歴史戦」の文脈で中国や韓国を攻撃する人々が熱心に行う理由も、ここにあります。

彼らの頭の中にある図式では、沖縄での基地建設が政府の思惑通りに進まなければ進まないほど、「敵」である中国の得点としてカウントされるようです。南京虐殺や慰安婦問題について、事実だと認めれば「敵」である中国や韓国の得点としてカウントされ、事実無根だと否定すれば「味方」の得点としてカウントされると考えるのと同じ原理です。

この番組では、高江の基地拡張工事への反対運動について「ある在日韓国人が黒幕として扇動している」と根拠なしに名指しで決めつけて放送したことから、放送における人権侵害を審査する「放送倫理・番組向上機構（ＢＰＯ）」の放送人権委員会の調査対象となり、また番組中の「日当」の裏付けなどを行わずに放送したことなどを理由に、二〇一七年一二月一四日に「東京ＭＸテレビに重大な放送倫理違反があった」との意見書が同機構の放送倫理検証委員会より公表されました。

普通に考えればすぐわかることですが、根拠のない話を本やテレビ番組の中で事実のように語り、社会に広める行為は、一般に「デマの流布」と呼ばれます。

歴史研究や報道（ジャーナリズム）の世界では、意図的にデマを流布する行為は、それをした人間にとっての職業面での自殺行為となります。けれども、人間や集団を「敵」と「味方」に分けて、勝ち負けを競う世界では、意図的な嘘やデマの流布は必ずしも「悪いこと」や「してはいけないこと」とは見なされません。

ある情報が拡散されたあとで、それが嘘やデマだと判明しても、拡散の過程において、「敵」の信用やイメージに何らかの打撃を与えることに成功していれば、それは「効果的な攻撃」と認められ、「味方」の集団内での評価の対象になります。したがって、そのような集団においては、嘘やデマを流布することに対する罪悪感や抵抗感がありません。

産経新聞出版は、単行本『歴史戦』の刊行から七か月前の二〇一四年三月に、その先駆けとも言える内容の本を出版していました。産経新聞取材班『貶める韓国　脅す中国』がそれですが、そこには次のような文面がありました。

中国のやり方は「嘘でも何度も繰り返せば事実になる」「黒を白と言いくるめる」とい

うプロパガンダの常道を踏んでいる。そのプロパガンダは、その内容を「事実」と信じ込んだ人々によって、拡散され続ける。そして、「事実」が常識になっていくのだ。特に歴史認識問題になると、拡散する威力は勢いが増す。
(pp.12-13)

では、産経新聞などの「歴史戦」の論客は、これと同じやり方で「敵」に対抗していないでしょうか。「嘘でも何度も繰り返せば事実になる」「その内容を『事実』と信じ込んだ人々によって、拡散され続ける」「そして、『事実』が常識になっていく」という言葉は、「歴史戦」の論客とそれを支持する人々の姿と重ならないでしょうか。

《彼らの行う「歴史戦」に勝ち目はあるのか》

◆児玉誉士夫は「思想戦」の独善的側面に警鐘を鳴らしていた

ここでもう一度、戦後の「歴史戦」から戦中の「思想戦」に話を戻します。

内閣情報部の内部刊行物をはじめ、戦争中の印刷物や出版物に記された「思想戦」に関する文言を読むと、勇壮で前のめりなトーンが目立ち、勝ち負けを競う戦士としての高揚感に満ちているという印象を受けます。

けれども、当時の出版物によく目を凝らすと、そうした数多くの言説の中に、本当に今のやり方でいいのか、これで「思想戦」に勝てるのか、という自省や疑問を率直に提示するような意見も、数は少ないですが、見つけることができます。

戦前から右翼団体で活動し、戦後は政財界の黒幕あるいはフィクサーとも呼ばれた児玉誉士《よし》夫《お》は、一九四一年四月に自らの関わる右翼団体「興亜青年運動本部」から『思想戦に備へよ』と題した小冊子を非売品として刊行していました。

同書の冒頭で、児玉誉士夫は日中戦争の行き詰まりについて分析し、「我等は遺憾ながら勝者としての叫びを未《いま》だ上げ得ぬ」「過去三年数月の間、武力戦に赫々《かくかく》の勝利を得ながら、一方思想戦経済戦外交戦において、武力戦に並行しての勝利を占め得なかった」(p.1)と、きわめて現実的な状況認識を披露しました。

そして、彼は中国における「思想戦」について、「思想戦に敗れし日本」という、驚くほど大胆な言葉を書き記していました。

「日本は思想戦に敗れたり」

自分は率直にこう叫びたい。

しからば日本が思想戦に敗れただけ、対手《あいて》の支那が勝っているかというと、支那もまた、敗れてはおらぬが日本が敗れただけの大勝を博しているわけではない。

しからば、日本は一体誰を対手にして思想戦に敗れたのか、それは日本が日本自身の思想戦に敗れたというべきである。（p.2）

日本は思想戦に敗れた。しかしだからといって中国が大勝したわけでもない。日本は、自分自身の思想戦に敗れたのだ……。一見すると意味がわかりにくいですが、中国各地で日本軍が「武力戦」で連戦連勝を博しているにもかかわらず、中国側の抵抗力は一向に衰えず、それどころか戦争全体の趨勢《すうせい》は少しずつ日本にとって大きな負担となりつつある――そんな不可解な状況を、当時の児玉誉士夫は、唯我独尊という当時の多くの日本人が陥っていた思考の陥穽に落ちることなく、冷静に観察していたようです。

支那の「新生活運動」の標語は、文字通り簡単なものであるが、その合言葉はたちまち支那全土を風靡《ふうび》し、その結果は現前見るがごとく、支那をしてかくまで根強く日本に抗せしむる原動力となった。

翻って日本はいかに——。そこでは、事変後あらゆる美辞麗句が国民精神の作興に、聖戦の標語に、あるいは政府の対外声明に、用いられてきたが、そのほとんど全てが単なる文字の羅列に了《おわ》っている有様ではないか。

国内の宣伝もしくは対外声明に、百千の美辞麗句を生んだ日本が、事変以来実際に示してきた国状［国内の状態］はあまりにも皮肉なものがある。(p.8)

外務省や海軍の幹部と交友関係を持ち、支那派遣軍総司令部嘱託として中国で活動した経歴を持つ彼は、日本が内外で展開する「思想戦」が皮相的な言葉の空回りに終わり、現地の中国人の心にまったく届いていない事実を見抜いていました。

前述のごとく、日本自体が思想戦に敗れ、国体が明徴ならざる現在において、日本人が八紘一宇を説き、皇道宣布を説いた場合、ともすれば侵略主義にとられ、民族的エゴイズムに解せられるはやむを得ない。(pp.15-16)

これが書かれた時点では、まだ東南アジアの米英植民地への軍事侵攻は開始されていませんでしたが、日本に対する諸外国からの尊敬や信頼を勝ち得ないまま、日本の主観的な世界観である「八紘一宇」、つまり世界を天皇中心の家と見なす構図を諸外国に押し付ければ、それは相手側から「侵略主義」や「民族的エゴイズム」と解釈されるというのは、きわめて的確な指摘です。

もしこれが、海軍幹部との太いパイプがない人間が書いた書物なら、すぐに発禁となって著者は逮捕され、厳罰に処せられる可能性が高かったでしょう。

内閣情報部長の横溝光暉は、「思想戦」の意義について「我が方の正しいと信ずる考えを彼〔相手国〕に伝えて彼の迷蒙《めいもう》〔物事の道理や真贋《しんがん》を理解しないこと〕を解き、彼をして我に帰一し同一の理想実現に向かわしめるための手段であります」（内閣情報部『思想戦展覧会記録図鑑』p.2）と説明していました。

しかし現実には、児玉誉士夫が的確に認識していた通り、相手側の心情を理解も尊重もせずに一方的に自国の言い分を発信し続けても、独り善がりな自己満足の行動に終始し、意図したような「思想戦」における勝利を得られないのは当然の帰結でした。

現代の「歴史戦」も、当時と同じような行動パターンを繰り返すだけなら、最後にたどり着く結果も、当時と近いものになるであろうことは容易に想像できます。

◆「現在日本人、特に軍人に欠如しているものは『内省』と『謙譲』」

日中戦争の勃発から間もない一九三七年一〇月一日に中央公論社から刊行された総合雑誌「中央公論」一〇月号で、軍事面を含めて中国の事情に精通していた同盟通信記者の及川六三四は「支那の対日長期抗戦は可能か」という記事を寄稿していました。彼は、中国との戦争が今後どのように進展していくのかをおおむね正しく予想する見立てを披露したあと、次のような警鐘を鳴らしていました。

元来、日本人の大多数は、支那および支那人といえば弱い者、だらしのない者という、日清戦争当時の観念を改めることを欲せず、ジャーナリズムもまた、毎日「一挙に殲滅」「ひとたまりもなく潰走」などと書き立てたり、封建時代の名残りの末梢的現象を捉えて鬼の首でも取ったように囃《はや》し立てたりして、一所懸命これに迎合している。

が、今にしてこの迷妄から覚め、上すべりとお祭り騒ぎと独り善がりを清算し、現実に徹底して堅忍持久、真の挙国一致を結成するにあらずんば、より以上戦時状態が長引くのみか、あるいは彼の企図する「長期抗戦」をして遂に成功せしめるようなことにならぬとも限らない。 （p.91）

及川六三四もまた、独善的な自国優越思想と、その裏返しとしての中国人蔑視の感情が、日本国内に蔓延していることを懸念し、そんなことでは戦争に勝てない可能性があるとの憂慮を、当時の言論状況で許される範囲内で書いていました。

皇族の三笠宮崇仁が、戦時中に陸軍将校として中国戦線に派遣されていた事実は第一章で少し触れましたが、前出の「ＴＨＩＳ　ＩＳ　読売」一九九四年八月号には、三笠宮が陸軍少佐時代の一九四四年一月、幕僚（参謀）教育用の内部資料として作成した文書「支那事変に対する日本人としての内省」が収録されていました。

署名として「支那派遣軍総司令部　若杉参謀（三笠宮の別名）」とあるこの文書の冒頭で、三笠宮は当時の日本を覆っていた「空気感」を生々しく描写していました。

戦争指導の要請上、言論は極度に弾圧せられあり、若干にても日本に不利なる発言をなし、あるいは日本を批判する者はたとえ真に日本を思い、中国を愛し、東亜を憂うる熱情より発するものといえども、これを遇するに、日本人にありては「売国」を以てし、中国人にありては「抗日」「通敵」あるいは「重慶分子」をもってせらるる今日、一般幕僚に於《お》いては大胆なる発言は困難なり。

(p.61)

最後の一文が示唆するように、三笠宮は自分のような「特別な立場の者」にしか書けない内容、もしこれが皇族ではない一日本軍将校が書いた文書ならすぐに憲兵に逮捕され、軍法会議にかけられた上、厳罰に処せられかねないような「大胆なる」内容を、あえてこの文書に記載していました。具体的には、満洲事変と支那事変（日中戦争）の出兵目的は何だったか、なぜ支那事変はまだ解決できないのか、などの問いに対し、日本側の反省点を踏まえながら答えていくという構成となっていました。

そして、三笠宮は文書の最後にある「結言」で、次のような厳しい言葉を述べました。

最後に強調する。現在日本人、特に軍人に欠如しているものは「内省」と「謙譲」とである。新聞「ラヂオ」は日本人の悪いことは言わないし、又相手の良いことは言わない。

（略）

従来を振り返って「聖戦」とか「正義」とかよく叫ばれ、宣伝される時代程事実は逆に近い様な気がする。（略）

自分は諸官に提議する。平常は「日華」でもよろしい。然《しか》し中国人と話をするときだけでも「中日」ということを。（略）

即《すなわ》ち最も実力ある者は最も謙譲なるべし、これが東洋王道の根本精神とも謂《い》うべきである。

（pp.72-73）

◆「大日本帝国」ではなく「日本国」の名誉を高める戦いへの転換

最後に、現代の「歴史戦」についての「問い」を掲げて、本書を締めくくりたいと思います。

産経新聞などが展開する「歴史戦」ですが、このまま戦いを続けた場合「日本」に勝ち目はあるのでしょうか？

その問いに答えるには、まず「歴史戦」によって名誉を守ろうとする「日本」の定義を明確にする必要があります。「日本の名誉」という、一見ありきたりな言葉の中に、実は深いトリックが隠されていることは、本書の中でも繰り返し述べましたが、この言葉の定義を明確にしなければ、論理的に意味のある検証はできません。

もし、戦後の「日本国」の名誉を高めるための「思想宣伝戦」に方針を切り替えるならば、目的の達成という意味において「勝てる」可能性はあります。

先の戦争中に「大日本帝国」が行った数々の非人道的行為について、他国に言われる前に主体的に事実関係を解明し、あるいはその努力を行い、将来において二度と繰り返してはならないという反省と覚悟を国際社会に向けて発信するなら、「日本国」の名誉は今以上に高まり、国際社会での「思想宣伝戦」は成功するでしょう。

その戦いには、「敵国」はありません。完全に日本国内で完結する戦いであり、過去の短い時期において「政府が国策を誤った」ことを否認せずに認め、反省と再発防止策の研究を自発的に行うことで、対外的な「宣伝戦」の効果を得ようとするものです。

特定の外国からの批判とは切り離したかたちで、戦後の日本国は「戦前と戦中の大日本帝国の精神文化を継承しておらず、当時の価値観が生み出した人権侵害の行為や制度を擁護も肯定もせず反省する」というメッセージを明確に打ち出し、南京で起きた諸々の出来事の真相究明や、日本軍の監督下で運営された制度としての慰安婦問題の全体像の解明を行えば、現在の「日本国」や、包括的概念としての「日本」の名誉は大きく高まるでしょう。

これは、一過性の「謝罪」よりも深い、同様の出来事が未来において再び起きることを国として許さないという、明確な「覚悟」の意思表示となるからです。もちろん、政府としての「謝罪」にも一定の意味はありますが、政府が公式に謝罪する傍らで、政府幹部とつながりのある人間がそれを打ち消すような態度をとるなら、そうした形式的で一過性の、つまり「心」が込められていない「謝罪」は、状況の好転につながらないばかりか、むしろ相手の不信感と怒りをさらに増幅させる効果を生み出す場合もあります。

しかし、産経新聞などが行っているような、戦中の「大日本帝国」の名誉を回復することを目標とする「歴史戦」であれば、勝てる可能性は事実上ゼロであると言えます。

なぜなら、国際社会において、戦後から現在にいたる「日本国」を尊敬して肯定的に評価する国は数多く存在しますが、政府が公式に戦前と戦中の「大日本帝国」を尊敬して肯定的に評価する国など、ただのひとつも存在しないからです。

それは、国際社会において、現在の「ドイツ連邦共和国」を尊敬して肯定的に評価する国は数多く存在する一方、政府が公式に戦前と戦中の「ナチス・ドイツ」を尊敬して肯定的に評価する国が、ただのひとつも存在しないのと同じです。

そんな国際社会において、戦前と戦中の「大日本帝国」の名誉を回復するために、特定の近隣国やその国民に対して攻撃的な態度をとったり、国際社会で「事実」だと認められている歴史的な出来事の信憑性や犯罪性を全否定することは、「大日本帝国」の名誉回復につながらないだけでなく、せっかく戦後の先人がコツコツと積み上げてきた「日本国」の名誉や国際的信用を、台無しにしてしまう効果をもたらします。

産経新聞などに登場する「歴史戦」の論客が、場当たり的で全体の整合性を欠いた詭弁を弄して「大日本帝国」の名誉を守るために頑張れば頑張るほど、現在の「日本国」と、包括的な概念としての「日本」の名誉は、国際社会で失墜していきます。

今からでも遅くはないので、「歴史戦」の論客は、戦前と戦中の「大日本帝国」の名誉を回復することではなく、戦後の「日本国」の名誉や国際的信用を高めるような方向へと路線を転換し、基本的な戦略を練り直すべきでしょう。

それが、広義の「日本」が「歴史戦」に勝利できる、ただひとつの道だからです。

おわりに

私にとって、「サンケイ（現在の産経）新聞」は「朝日新聞」と並び、とても思い入れのある新聞です。なぜなら、私の家では子どもの頃、両親が「サンケイ新聞」を、同居する祖父母が「朝日新聞」を購読しており、私は物心ついた頃から、世の中の出来事について、サンケイと朝日のふたつの視点から見る習慣とともに育ったからです。

私が中学に入った一九八〇年頃は、「サンケイ新聞」と「朝日新聞」は「いわゆる保守」と「いわゆる左派」のスタンスで、政治問題や社会問題、過去の歴史を取り上げる視点も異なっていたので、物事を複眼的に見る訓練という意味で、恵まれた環境だったと思います。しかし当時の「サンケイ新聞」は、抑制の利いた節度ある紙面で、特定の国を敵視したり、大日本帝国を擁護するために過去の歴史を否認するようなことはしていませんでした。

また、「サンケイ新聞」は一九七四年から一九七六年にかけて、日中戦争当時の中国側最高指導者だった蔣介石の伝記「蔣介石秘録」を連載し、その内容は一九七五年から一九七七年にかけて、全一五巻の単行本としてサンケイ出版より刊行されました。

その第一二巻「日中全面戦争」では、南京虐殺の犠牲者数について「三十万人とも四十万人ともいわれ、いまだにその実数がつかみえないほどである」（p.70）と記していました（当該部分の新聞紙面掲載は一九七六年六月二三日）。

けれども現在の「産経新聞」は、本書の第一章で紹介した通り、南京虐殺は「なかった」という方向性で紙面づくりをしています。その行動を観察すると、「産経新聞」という一新聞の独立した動きではなく、同じ価値観を持つ統率のとれた集団の「意思」を反映しているかのように、多面的な言論展開の一翼を担っていることがわかります。

そこで共有される「意思」が、本書でさまざまな角度から光を当てた「歴史戦」です。


南京虐殺の否定論をはじめとする、大日本帝国時代の「負の歴史」を否認する言説や、あの戦争は正しい戦争、聖戦であったと正当化して大日本帝国を擁護する言説は、敗戦直後から日本国内で根強く語られており、「産経新聞」などの「歴史戦」が初めてそうした主張をし始めたわけではありません。しかし本書では、問題の要点をシンプルに浮かび上がらせるため、「産経新聞」の「歴史戦」を論考の起点とし、それ以前の日本に存在した、いわゆる「皇国史観」や「歴史修正主義」の言説にはあえて触れずに済ませました。

本書の目的は、大日本帝国時代の「負の歴史」を否認する言説の論理構造や、そこで多用される論理のトリック、認識の誘導などのテクニックをわかりやすく読み解くことであり、「皇国史観」や「歴史修正主義」の言説の系譜を追うことではないからです。

本書の「はじめに」で触れたように、過去の「負の歴史」といかに向き合うかについての認識が、昨今の日本社会では大きく揺らいでおり、批判的あるいは反省的な分析・検証や、それが起きた原因と構造の解明という、以前には「当たり前」と考えられてきた態度を、軽視あるいは無視するかのような言説が、声高に叫ばれる社会になりつつあります。

現職の総理大臣も、そんな社会の変化を後押ししているように見受けられます。


二〇一八年一二月二八日、安倍晋三首相はツイッターで「年末年始はゴルフ、映画鑑賞、読書とゆっくり栄養補給したいと思います。購入したのはこの三冊」という投稿を行いましたが、そこに添えられた写真で安倍首相の前に並ぶ三冊のうちの一冊は、百田尚樹『日本国紀』（幻冬舎、二〇一八年）でした。

この『日本国紀』は、一見すると穏やかな「日本の通史」のようですが、内容を読むと穏やかなのは大日本帝国の時代に入るまでで、昭和の戦争と戦後に関する記述になると、本書で数多く紹介した「歴史戦」の言説と瓜二つの論理が展開されます。

例えば、第十章の「大正から昭和へ」にある南京虐殺の記述では、まず「三〇万人」という数字に疑義を差し挟むことから話を始め、その数字がいかに信憑性がないかを述べたあと、最後の結論で「ただ、客観的に見れば、『南京大虐殺』はなかった』と考えるのがきわめて自然である」というふうに、南京虐殺全体を否定するかたちに論点をすり替えています（pp.368-372）。これは、本書の第一章（40ページ～）で紹介した「歴史戦」の論客が多用する論点すり替えのテクニックで、三〇万人という数字が間違いでも、それだけでは「虐殺がなかった証明」にはならないにもかかわらず、そうなるかのように読者の思考を誘導しています。

また、第十一章のタイトルは「大東亜戦争」ですが、これも本書の第二章（86ページ～）で指摘した「自分のアイデンティティーを『大日本帝国』に結び付けて考える人は、『大東亜戦争』や『支那』、『英霊』などの『大日本帝国』時代の言葉を、現在でも当たり前のように用いる」という、「歴史戦」の論客に多く見られる事例です。

実際、同章には「『大東亜戦争は東南アジア諸国への侵略戦争だった』と言う人がいるが、これは誤りである」（p.391）という「大東亜戦争肯定論」の記述があります。

第十二章の「敗戦と占領」では、小見出しの「ウォー・ギルト・インフォメーション・プログラム」（p.421）や「『眞相はかうだ』による洗脳」（p.423）という文言が示すように、GHQの占領統治政策を厳しく批判する内容を展開していますが、そこで展開される論法も、本書の第四章（212ページ～）で解析した、「WGIP」の心理的効果を誇張して大日本帝国の負の歴史を丸ごと「洗脳」と決めつけて全否定するやり方と同じです。

第十三章は「日本の復興」というタイトルですが、ここでも「WGIPの洗脳」が戦後日本の精神的復興の妨げになったという論理を展開しており、p.464とp.465の二ページだけでも、「WGIP」という文字が五回、「自虐思想」という文字が七回登場します。

この本の不思議な点は、表向きは「日本の通史」とされているにもかかわらず、終章の「平成」では、「膨張する中華人民共和国」（p.492の小見出し）や「狂気の北朝鮮」（p.495の小見出し）、「憲法改正の動き」（p.498の小見出し）などの現下の政治問題に話題が移行し、「平成二八年（二〇一六）、自民党の安倍晋三首相は『憲法改正を目指す』と公言した」（p.503）、「日本にとって憲法改正と防衛力の増強は急務である」（p.504）と、著者自身の政治的主張を声高に読者に訴える結論になっていることです。

以上のような内容を踏まえれば、安倍首相がなぜ百田尚樹の『日本国紀』をさりげなく宣伝するようなツイートを投稿したのかという理由も浮かび上がってきます。

安倍首相と百田尚樹は、二〇一三年に『日本よ、世界の真ん中で咲き誇れ』という対談本を「ワック」という出版社から出しており、いわば「旧知の仲」である事実も重要です。

百田尚樹の『日本国紀』と「産経新聞」の「歴史戦」をつなぐ線は、これ以外にもあります。『日本国紀』の刊行は、奥付記載の日付では二〇一八年一一月一〇日ですが、産経新聞出版は同年一二月三一日付で、百田尚樹と有本香の共著として『「日本国紀」の副読本』という本を刊行しました。ある出版社が、関連会社でもない他社から刊行される新刊を宣伝するような内容の本をすぐに出すというのは、きわめて珍しい光景ですが、百田尚樹は同書の序章の最初で、こう述べています。

「『日本国紀』を書こうと思ったのは、ケント・ギルバートさんと対談したことがきっかけです」(p.15)

そして、『日本国紀』の編集を担当したジャーナリストの有本香は、同書の存在価値について、次のように説明しました。

「慰安婦問題や南京問題では近隣諸国から日本がたびたび攻撃されますね。その都度、個々の問題に専門家の先生方が反論、反証され、ずいぶん日本も変わってきました。でも、向こうから仕掛けられた局地戦に対応するだけでは、歴史は取り戻せない。日本人の中に、自分たちの物語がないことが致命的ではないかと思うのです。相手は捏造も辞さず、はなから歴史を政治の道具にしようというわけですからね」(p.31)

本書を読まれた方には一目瞭然かと思いますが、この有本香の説明は、『日本国紀』が「歴史戦」における日本側の対抗策として書かれ、刊行されたことを示唆しています。

ただし、『日本国紀』が他の「歴史戦本」と異なるのは、後者が「ハードな手法」で言論の戦いを展開するのに対し、『日本国紀』は「日本が好きになる」や「日本を誇りに思う」など、読者の自尊心に訴える「ソフトな手法」をとっている点にあります。

人間の感情は、自尊心や優越感をくすぐる「おだて」と、罪悪感や後ろめたさを打ち消してくれる「かばい」、そして外部の敵から攻撃されて不当に何かを奪われているという「被害者意識」にとても弱く、これらの要素を巧みにちりばめた本が店頭にあれば、それを「今の自分が必要とするものだ」と感じて買う人は少なくないでしょう。

その一方で、これらの本に「何か変だ」と違和感を覚える人もおられるはずです。

昭和史の知識が多少ある人でも、「南京虐殺はなかった」という言説に、正面から反論することには躊躇を感じる場合が多いと思います。本質的でない、枝葉末節の論争という泥沼に足を踏み入れて、不毛な言い争いに終始しても、ただ疲れるだけだからです。

けれども、そうした言説と向き合い、事実に基づいて検証する作業を誰もやらなくなれば、いつしかそれが事実であるかのように錯覚する空気が、社会に広がっていきます。

日本が本格的に「戦争の道」へと進んでいった一九三〇年代、日本の言論界は軍部に対する批判を避ける方向へと段階的に進んでいきましたが、特に重要な転機となったのは、一九三五年の「天皇機関説事件」でした。天皇と国家の関係を定義する、ある憲法学説が軍部と右翼(国粋主義)団体の攻撃を受けたのが、この事件の中核でしたが、そのような理不尽な言論弾圧に対し、抵抗した学者や言論人はわずかでした(この辺りの詳しい経緯については、拙著の集英社新書『「天皇機関説」事件』を参照)。

当時の学者や言論人の多くは、軍部と右翼団体の増長は一過性のもので、しばらく我慢していれば収まるだろう、と甘く見て、安全な場所で傍観する態度をとりました。その結果、日本国内における言論の自由はさらに縮小する方向へと進み、一九三七年の日中戦争勃発とともに、軍部や政府の方針に合致する言説以外は語ることができない社会へと変質していきました。理不尽な言論弾圧や思想統制につながる動きを、小さい芽のうちに摘んでおかなかったために、やがて切り倒せない巨木へと短期間のうちに成長したのです。

歴史家の中には、過去の歴史を恣意的に歪曲する言説は正統な歴史研究の裏付けを欠いているために「まともに論じるに値しない」あるいは「相手にすると学者としての沽券《こけん》に関わる」と見なし、距離を置いて傍観する人もいるようです。

けれども、専門家が傍観すれば、一般の人々は「専門家が批判も否定もしないということは一定の信憑性がある事実なのか」と思い、結果としてそれを信じる人の数が徐々に増加していくことになります。

職業人である前に「市民」であるとの考えに立てば、自分の住む社会で健全さが失われつつある状況を傍観せず、自分にできることをするのが「市民」の務めだという考えが成り立ちます。歴史家もまた、社会の健全さを維持する責任を負う「市民」の一人だとするなら、専門的見地から積極的に対抗すべきではないかと思います。

そして、専門家ではない一人一人の「市民」も、本書で読み解いたトリックや事実歪曲の手法を踏まえて、特定の方向に人心を誘導するような言説に周囲の人々がうっかりだまされないよう、声を出して「その話は事実ではありません」と指摘すべきでしょう。

こうした行動を面倒くさいと思わず、例えば自宅の周囲の雑草を刈ってゴミ袋に入れ、景観を保つのと同様の、社会の健全さを維持するための分担作業だと理解すれば、戦中の「思想戦」が最終的に「大日本帝国」の日本人を導いたのと同じ場所に、再び「日本国」の日本人がそれと気付かないまま連れて行かれることを回避できるかもしれません。

そんな、社会の健全さを維持する分担作業を行う上で役に立つツールとして、本書で読み解いた内容を、有効に活用していただければと思います。


最後に、本書の編集作業を担当して下さった集英社新書の細川綾子氏をはじめ、本書の編集、制作および販売に携わって下さったすべての方々に、心からお礼を申し上げます。

また、本書を執筆するにあたって参考にさせていただいたすべての書物や記事の著者・編者の方々にも、敬意とともにお礼を申し上げます。

二〇一九年四月七日　　山崎雅弘

参考文献

《戦前・戦中》

伊東六十次郎『東亜聯盟結成論（増補版） 東亜宣化（思想戦）の原則的研究』東亜思想戦研究会、一九三八年

伊東六十次郎『日本陸軍ノ思想戦ニ関スル原則的研究』私家版、一九三八年

神田孝一『「思想戦」と宣伝』橘書店、一九三七年

「国防と思想戦（時局宣伝資料）」情報委員会、一九三七年

児玉誉士夫『思想戦に備へよ』興亜青年運動本部、一九四一年

小松孝彰『戦争と思想宣伝戦』春秋社、一九三九年

『思想戦』陸軍省軍事調査部、一九三四年

『思想戦概論』（思想戦講座第七輯）内閣情報部、一九四〇年

『思想戦講習会講義速記』第一輯、内閣情報部、一九三八年

『思想戦講習会講義速記』第二輯、内閣情報部、一九三八年

『思想戦講習会講義速記』第三輯、内閣情報部、一九三八年

『思想戦講習会講義速記』第四輯、内閣情報部、一九三八年

『思想戦展覧会記録図鑑』内閣情報部、一九三八年

『思想戦と文芸』（思想戦講座第二輯）内閣情報部、一九四〇年

『思想戦の勇士』宮城福島昭徳会、一九四〇年
志村陸城『思想戦論』赤坂書房、一九四四年
下中弥三郎『思想戦の本義』日本精神文化研究所、一九四三年
下中弥三郎『思想戦を語る』泉書房、一九四四年
「写真週報」一九四二年二月一八日号（情報局）
『銃後思想戦に関する資料』第一号、戦時思想戦同盟、一九三七年
『銃後思想戦に関する資料』第二号、戦時思想戦同盟、一九三七年
「週報」第五〇号、一九三七年九月二九日（内閣情報部）
戦時思想対策委員会編『武力戦に勝っても思想戦に負けるな』つはもの叢書普及会、一九三七年
大日本言論報国会編『思想戦大学講座』時代社、一九四四年
大日本聯合青年団『思想戦と青年団』日本青年館、一九三八年
高須芳次郎『思想戦の勝利へ』大東亜公論社、一九四三年
「中央公論」一九三七年一〇月号（中央公論社）
内閣情報部編『第二回 思想戦展』写真協会、一九四〇年
中島鉱三、平井政夫『宣伝戦』ダイヤモンド社、一九四三年
『日本精神と思想戦』（思想戦講座第三輯）内閣情報部、一九四〇年
野村重臣『現代思想戦史論』旺文社、一九四三年
野村重臣『改訂 戦争と思想』富強日本協会、一九四四年

水野正次『大東亜戦争の思想戦略』霞ケ関書房、一九四二年
森吉義旭『思想戦に於ける軍部』先憂社研究室、一九三五年
吉田三郎『思想戦――近代外国関係史研究』国民精神文化研究所、一九四一年
陸軍省新聞班編著『思想戦』思想国防協会、一九三七年

《戦後》

アルド・アゴスティ（石堂清倫訳）『コミンテルン史』現代史研究所、一九八七年
井口和起、木坂順一郎、下里正樹編著『南京事件　京都師団関係資料集』青木書店、一九八九年
井上和彦『ありがとう日本軍――アジアのために勇敢に戦ったサムライたち』PHP研究所、二〇一五年
井上和彦『日本が戦ってくれて感謝しています――アジアが賞賛する日本とあの戦争』産経新聞出版、二〇一三年
江藤淳『閉された言語空間――占領軍の検閲と戦後日本』文春文庫、一九九四年
エーリッヒ・フロム（日高六郎訳）『自由からの逃走』東京創元社、初版一九五一年／新版一九六五年
賀茂道子『ウォー・ギルト・プログラム――GHQ情報教育政策の実像』法政大学出版局、二〇一八年
河添恵子、杉田水脈『「歴史戦」はオンナの闘い』PHP研究所、二〇一六年
倉山満『歴史戦は『戦時国際法』で闘え』自由社、二〇一六年
ケント・ギルバート『いよいよ歴史戦のカラクリを発信する日本人』PHP研究所、二〇一六年
ケント・ギルバート『まだGHQの洗脳に縛られている日本人』PHP文庫、二〇一七年

ケント・ギルバート『やっと自虐史観のアホらしさに気づいた日本人』ＰＨＰ研究所、二〇一六年
ケント・ギルバート、室谷克実、石平『反日同盟　中国・韓国との新・歴史戦に勝つ！』悟空出版、二〇一五年
黄文雄『米中韓が仕掛ける「歴史戦」』ビジネス社、二〇一五年
越田稜編著『アジアの教科書に書かれた日本の戦争・東南アジア編《増補版》』梨の木舎、一九九五年
小堀桂一郎、中西輝政『歴史の書き換えが始まった！〜コミンテルンと昭和史の真相』明成社、二〇〇七年
産経新聞社『歴史戦』産経新聞出版、二〇一四年
産経新聞社『History Wars　歴史戦』産経新聞出版、二〇一五年
産経新聞取材班『貶める韓国　脅す中国』産経新聞出版、二〇一四年
鹿内信隆、櫻田武『いま明かす戦後秘史』上巻、サンケイ出版、一九八三年
関野通夫『いまなお蔓延るＷＧＩＰの嘘』自由社、二〇一六年
関野通夫『日本人を狂わせた洗脳工作――いまなお続く占領軍の心理作戦』自由社、二〇一五年
髙橋史朗『「日本を解体する」戦争プロパガンダの現在――ＷＧＩＰの源流を探る』宝島社、二〇一六年
テオドール・アドルノ（田中義久、矢沢修次郎、小林修一訳）『権威主義的パーソナリティ』（現代社会学大系第一二巻）青木書店、一九八〇年
中西輝政、西岡力『なぜニッポンは歴史戦に負け続けるのか』日本実業出版社、二〇一六年
南京戦史編集委員会編『南京戦史』偕行社、初版一九八九年／増補改訂版一九九三年

南京戦史編集委員会編『南京戦史資料集Ⅰ』偕行社、初版一九八九年／増補改訂版一九九三年
南京戦史編集委員会編『南京戦史資料集Ⅱ』偕行社、一九九三年
秦郁彦『慰安婦と戦場の性』新潮選書、一九九九年
バラク・クシュナー（井形彬訳）『思想戦——大日本帝国のプロパガンダ』明石書店、二〇一六年
総山孝雄『南海のあけぼの』叢文社、一九八三年
山口智美、能川元一、テッサ・モーリス-スズキ、小山エミ『海を渡る「慰安婦」問題——右派の「歴史戦」を問う』岩波書店、二〇一六年
横溝光暉『戦前の首相官邸』経済往来社、一九八四年
吉田裕『天皇の軍隊と南京事件』青木書店、一九八六年
リー・クアンユー（小牧利寿訳）『リー・クアンユー回顧録』上巻、日本経済新聞社、二〇〇〇年
「THIS IS 読売」一九九四年八月号（読売新聞社）
「ニューズウィーク日本版」二〇一八年一〇月三〇日号（CCCメディアハウス）
「産経新聞」各記事
「正論」（産経新聞社）各記事

山崎雅弘（やまざき　まさひろ）

一九六七年大阪府生まれ。戦史・紛争史研究家。『日本会議　戦前回帰への情念』（集英社新書）で、日本会議の実態を明らかにし、注目を浴びる。主な著書に『「天皇機関説」事件』（集英社新書）、『1937年の日本人』（朝日新聞出版）、『［増補版］戦前回帰』（朝日文庫）ほか多数。ツイッターアカウントは、@mas__yamazaki

歴《れき》史《し》戦《せん》と思《し》想《そう》戦《せん》——歴《れき》史《し》問《もん》題《だい》の読《よ》み解《と》き方《かた》

集英社新書〇九七八D

二〇一九年　五　月二二日　第一刷発行
二〇一九年一一月一一日　第六刷発行

著者……山《やま》崎《ざき》雅《まさ》弘《ひろ》
発行者……茨木政彦
発行所……株式会社集英社
東京都千代田区一ツ橋二-五-一〇　郵便番号一〇一-八〇五〇
電話　〇三-三二三〇-六三九一（編集部）
〇三-三二三〇-六〇八〇（読者係）
〇三-三二三〇-六三九三（販売部）書店専用

装幀……原　研哉
印刷所……凸版印刷株式会社
製本所……加藤製本株式会社

定価はカバーに表示してあります。

ISBN 978-4-08-721078-1 C0221

Printed in Japan

a pilot of wisdom

羽生結弦は捧げていく
高山 真　0967-H
さらなる進化を遂げている絶対王者の五輪後から垣間見える、新たな変化と挑戦を詳細に分析。

近現代日本史との対話【戦中・戦後―現在編】
成田龍一　0968-D
人びとの経験や関係を作り出す「システム」に着目し、日中戦争から現在までの道筋を描く。

メディアは誰のものか――「本と新聞の大学」講義録
モデレーター　一色 清／姜尚中
池上 彰／青木 理／津田大介／
金平茂紀／林 香里／平 和博　0969-B
放送、新聞、ネット等で活躍する識者が、メディア不信という病巣の本質、克服の可能性を探る。

京大的アホがなぜ必要か カオスな世界の生存戦略
酒井 敏　0970-B
「変人講座」が大反響を呼んだ京大教授が、最先端理論から導き出した驚きの哲学を披瀝する。

マラッカ海峡物語 ペナン島に見る多民族共生の歴史
重松伸司　0971-D
マラッカ海域北端に浮かぶペナン島の歴史から、多民族共存の展望と希望を提示した「マラッカ海峡」史。

アイヌ文化で読み解く「ゴールデンカムイ」
中川 裕　0972-D
アイヌ語・アイヌ文化研究の第一人者が贈る最高の入門書にして、大人気漫画の唯一の公式解説本。

善く死ぬための身体論
内田 樹／成瀬雅春　0973-C
むやみに恐れず、生の充実を促すことで善き死を迎えるためのヒントを、身体のプロが縦横無尽に語り合う。

世界が変わる「視点」の見つけ方 未踏領域のデザイン戦略
佐藤可士和　0974-C
すべての人が活用できる「デザインの力」とは？ 慶應SFCでの画期的な授業を書籍化。

始皇帝 中華統一の思想『キングダム』で解く中国大陸の謎
渡邉義浩　0975-D
『キングダム』を道標に、秦が採用した「法家」の思想と統治ノウハウを縦横に解説する。

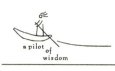